oekom

ClimatePartner°
klimaneutral
Verlag | ID: 128-50040-1010-1082

Dieses Buch wurde klimaneutral hergestellt.
CO_2-Emissionen vermeiden, reduzieren, kompensieren –
nach diesem Grundsatz handelt der oekom verlag.
Unvermeidbare Emissionen kompensiert der Verlag
durch Investitionen in ein Gold-Standard-Projekt.
Mehr Informationen finden Sie unter www.oekom.de.

Bibliografische Information der Deutschen Nationalbibliothek:
Die Deutsche Nationalbibliothek verzeichnet diese Publikation in der
Deutschen Nationalbibliografie; detaillierte bibliografische Daten
sind im Internet über http://dnb.d-nb.de abrufbar.

Gesellschaft für ökologische Kommunikation mbH,
Waltherstraße 29, 80337 München

Lektorat: Torsten Mertz
Korrektorat: Susanne Darabas
Umschlaggestaltung: Torge Stoffers, Leipzig
Umschlagillustration: © Cosmin Manci, Shutterstock.com
Satz: Ines Swoboda
Druck: fgb. freiburger graphische betriebe

Dieses Buch wurde auf FSC-zertifiziertem Recyclingpapier und
auf Papier aus anderen kontrollierten Quellen gedruckt,
Circleoffset Premium White, geliefert von Igepagroup,
ein Produkt der Arjo Wiggins.

ISBN 978-3-86581-441-8

Uwe Schneidewind,
Angelika Zahrnt

Damit gutes Leben einfacher wird

Perspektiven einer Suffizienzpolitik

unter Mitarbeit von
Valentin Zahrnt

Vorwort
Was dieses Buch möchte

Dieses Buch will zur Diskussion anregen. Es skizziert ein neues Politikfeld, um das Politikerinnen und Politiker heute noch einen weiten Bogen machen: eine Politik für ein gutes Leben. Wir verstehen darunter eine Politik, die es leichter macht, nachhaltige Lebensstile zu praktizieren und damit unserer globalen Verantwortung am Anfang des 21. Jahrhunderts gerecht zu werden. Dieses Politikfeld nennen wir »Suffizienzpolitik«. Damit ist dieses Buch ein politisches Buch.

Es ist gleichzeitig auch ein wissenschaftliches Buch. Denn die Ausgestaltung unserer Konsumgewohnheiten und Lebensstile ist kulturell und institutionell vielfältig beeinflusst. Diese Einbettung gilt es zu verstehen und zu sehen, wie viele der Errungenschaften der Moderne – von der Freiheit, der Teilhabe bis zur Solidarität – gefährdet werden, wenn Politik auf ökonomische Wachstumspolitik konzentriert und reduziert wird.

Ein Buch, das für eine Politik wirbt, die gutes Leben

einfacher macht, muss Zweifaches leisten: Es muss erstens die Notwendigkeit einer solchen Politik aufzeigen, und es muss zweitens erläutern, dass sich ein solches Programm konkret umsetzen lässt, dass Suffizienzpolitik möglich ist. Beide Ansprüche werden in der Diskussion oft zurückgewiesen. Zum einen heißt es, dass Konsum- und Lebensgewohnheiten kein Thema staatlicher Rahmung seien, sondern allein individuelle Entscheidungen. Politik habe sich hier herauszuhalten. Zum anderen wird argumentiert, dass eine Suffizienzpolitik praktisch nicht umsetzbar sei.

Mit beiden Ansprüchen und Einsprüchen beschäftigt sich das vorliegende Buch: Es zeigt auf, warum eine Politik für gutes Leben in modernen freiheitlich-demokratischen Gesellschaften begründ- und legitimierbar, ja geradezu notwendig ist. Im Hauptteil skizziert das Buch, wie sich eine solche Politik – orientiert an vier politischen Zugängen – konkret umsetzen lässt.

Dabei kann und will dieses Buch nur ein Anfang sein – ein Anfang für eine breite Diskussion in den kommenden Jahren. Es ist eine Einladung zur Debatte. Es wendet sich an sehr unterschiedliche Leserinnen und Leser: an Menschen, die suffiziente Lebensstile praktizieren und mit der politischen Dimension ihres Handelns verbinden wollen; an Nachhaltigkeitsakteure in Gesellschaft, Politik und Wirtschaft, die nach ökologischen und gesellschaftlichen Perspektiven jenseits von »grünem Wachstum« suchen; an

Menschen aus Zivilgesellschaft, Unternehmen und Wissenschaft und insbesondere Politikerinnen und Politiker, die eine breit verstandene Politik für gutes Leben aktiv mitgestalten möchten.

Angelika Zahrnt und Uwe Schneidewind,
Neckargemünd und Wuppertal im September 2013

Einleitung
Warum gutes Leben ein politisches Thema ist

»Gutes Leben« – auf den ersten Blick scheint das etwas zu sein, was uns nur individuell, nur persönlich angeht. Denn am Ende kann und sollte jede und jeder für sich entscheiden, was für sie oder für ihn besonders wichtig im Leben ist, was sie oder er konsumieren möchte, mit wem sie oder er zusammen leben will oder nach welchen Zielen der oder die Einzelne strebt.

Es ist die große Errungenschaft freiheitlich-demokratischer Gesellschaften, dass sie die Individualität und Vielfalt von Lebensentwürfen in Toleranz möglich macht. Und zu Recht reagieren diejenigen sensibel, die diese Freiheit bedroht sehen. Der Ruf nach politischer Rahmung unserer individuellen Lebensgestaltung wird als eine solche Gefahr gesehen. Schnell werden dann Begriffe bemüht wie »Zwangsstaat«, »Ökodiktatur« oder »neuer Sozialismus«.

Ein näherer Blick zeigt, dass die Gegensätze zwischen Staat und Freiheit nicht so eindeutig sind, wie sie gerne gezeichnet werden: auf der einen Seite der nach individueller Entfaltung strebende Bürger, auf der anderen Seite der intervenierende Staat, der diese Entfaltung behindert. Ein solcher Blick verkennt die eigentliche Bedeutung von Staat und Politik.

Politik zielt darauf, das Zusammenleben von Menschen in einer allgemein verbindlichen Form zu regeln. Eine gute Politik sorgt dafür, dass die Entfaltung von individueller Lebensführung möglich wird, ohne die Lebensentwürfe anderer einzuschränken. Eine gute Politik schafft Möglichkeitsräume für gutes Leben.

Wie schnell Möglichkeitsräume für die einen zur Beschränkung für die anderen werden können, wird zum Beispiel in der Verkehrspolitik deutlich: Autogerechte Innenstädte mit breit ausgebauten Straßen sowie auf den Autoverkehr ausgelegte Ampelschaltungen sind hilfreich für Autofahrer, in aller Regel aber behindernd für diejenigen, die sich mit dem Fahrrad oder zu Fuß in der Stadt bewegen wollen. Politik muss hier einen Ausgleich schaffen. Gute Politik schafft die Grundlage dafür, dass sich eine möglichst große Zahl individueller Lebensentwürfe entfalten kann.

Und hier beschleicht uns seit einiger Zeit ein Unbehagen: »Schneller«, »globaler«, »mehr«, »kommerzialisierter« – das waren die Entwicklungslinien der letzten Jahrzehnte. Sie wurden durch eine Wirtschaftspolitik ermöglicht, die auf freien Handel und die Marktliberalisierung möglichst vieler Gesellschaftsbereiche gesetzt hat. Dies hat uns einen bisher nicht gekannten materiellen Wohlstand und eine ungeahnte Produkt- und Dienstleistungsvielfalt gebracht.

Gleichzeitig fühlen wir uns von der damit ausgelösten Dynamik oft bedrängt: immer flexiblere Arbeitszeiten, Mengen kaum noch zu bewältigender Mails, eine unüberschaubare Produktvielfalt in Lebensmittelregalen. Immer deutlicher wird, dass ein gutes Leben auch Räume für ein »Langsamer«, »Näher«, »Weniger« und »Persönlicher« benötigt. Genau das verbirgt sich hinter der Idee der Suffizienz – dazu mehr im folgenden Abschnitt.

Gutes Leben benötigt Raum für neue Gleichgewichte. Dies erfordert eine Politik, die unterschiedlichen Lebensentwürfen in globaler Verantwortung eine Entfaltungschance gibt. Darauf zielt die Idee einer »Suffizienzpolitik«.

Was sich hinter »Suffizienz« verbirgt – auf dem Weg zum ganzen Leben

Der Begriff der »Suffizienz« hat seine Wurzeln im lateinischen »sufficere«, was so viel wie »ausreichen« bedeutet. Es geht bei der Suffizienz um die Frage nach dem rechten Maß. Es geht darum, soviel zu haben, wie es die eigenen Bedürfnisse erfordern – und dabei nicht nur materielle Bedürfnisse im Blick zu haben.

Wolfgang Sachs hat den Begriff der Suffizienz Anfang der 1990er-Jahre in die deutsche Diskussion um Nachhaltigkeit eingeführt. Er hat sie mit der Idee der »vier E« – von Entschleunigung, Entflechtung, Entrümpelung und Entkommerzialisierung – umschrieben. Diese »vier E« tauchen später im vorliegenden Buch als Orientierungsmaße für eine Suffizienzpolitik wieder auf.

»Langsamer, weniger, besser, schöner« – so rahmte Hans Glauber, der Initiator der »Toblacher Gespräche«, die Idee der Suffizienz. Es handelt sich bei Suffizienz um eine Qualität des »In-der-Welt-Seins«. Sich im richtigen Verhältnis zu Zeit und Raum, Besitz und Markt zu befinden. Solange sich die Menschheit im Wesentlichen durch Naturgewalten und -gefahren, durch Armut und Hunger getrieben sah, schuf technologischer und ökonomischer Fortschritt Freiheit und Emanzipation von diesen Zwängen. Dadurch entstanden neue Qualitäten menschlicher Existenz, dadurch wurden Zivilisation und Kultur erst möglich.

Doch immer stärker wird die Menschheit durch die negativen ökologischen, sozialen und ökonomischen Folgen dieses einst erfolgreichen Fortschrittsprogramms eingeholt. Orientierung an Suffizienz steht daher für die Wiedergewinnung von Gleichgewichten. Dabei geht es nicht um die Ablehnung der beeindruckenden Produktivitätsfortschritte der Vergangenheit, sondern um ein neues Miteinander von produktivem Fortschritt und Genügsamkeit.

Der Ökonom Tomáš Sédlácek macht in seinem Buch »Die Ökonomie von Gut und Böse« deutlich, woran die moderne wirtschaftswissenschaftliche Analyse krankt: Als Menschen können wir immer wieder eine unendliche Zahl neuer Bedarfe entwickeln. Diese treffen auf eine begrenzte Welt – begrenzt durch limitierte Produktionsfaktoren, aber auch endliche natürliche Ressourcen. Moderne Ökonomie lehrt uns nun, wie wir immer mehr aus den begrenzten Ressourcen herausholen können. Sie setzt ganz auf Effizienz, um die Produktivität zu steigern und damit das Angebot zur Befriedigung der unbegrenzten Bedarfe zu erhöhen. Hier haben wir in der Tat gewaltige Fortschritte gemacht: Es ist unglaublich, auf welche Gütermengen und Dienstleistungen die moderne Menschheit zurückgreifen kann. Aber gleichzeitig handelt es sich um ein Hase-und-Igel-Rennen, an dem sich immer mehr Menschen beteiligen. Denn die Befriedigung bestehender Bedarfe weckt die menschliche Fantasie nach neuen. Das Rennen ist nicht zu gewinnen – doch ruinieren wir dabei unsere natürlichen Lebensgrundlagen, wenn wir weiterhin so wirtschaften wie bisher.

Umso wichtiger ist es für eine vollständige ökonomische Betrachtung auch auf die Seite der Bedarfe zu schauen: Gelungenes menschliches Leben besteht gerade darin, nicht jedem Bedarf hinterherzulaufen, nicht Getriebene(r) im Räderwerk sich ständig erweiternder Begierden zu sein.

Bewusst auf etwas verzichten zu können, auf Dinge warten zu können, sich am Bestehenden zu erfreuen und die Beziehung zum Existierenden zu pflegen – statt immer nach Neuem zu verlangen. All dies sind Tugenden, die ein gelungenes menschliches Leben ausmachen. Suffizienz und Effizienz gehören untrennbar zusammen. Dessen sollte sich auch die ökonomische Theoriebildung wieder besinnen.

Der Jenaer Soziologie Hartmut Rosa unterstreicht in diesem Zusammenhang die Bedeutung von »Resonanzerfahrungen«: Sich in Beziehung zur Welt, zur Natur und insbesondere zu anderen Menschen zu erfahren, ist ein fundamentales Moment guten Lebens. Moderne Gesellschaften in ihrer Beschleunigung, ihrer Menge an Reizen und ihrer Vermarktlichung vieler Lebensbereiche machen solche Resonanzerfahrungen immer schwerer. Besonders deutlich wird dies in der sterilen Atmosphäre von Einkaufszentren, Flughäfen und vielen Fußgängerzonen großer Städte. Oft entwurzelt aus Raum und Zeit und austauschbar im Shop- und Warenangebot entsteht in einer solchen Atmosphäre kaum noch eine authentische Bindung zur Um- und Mitwelt. Suffizienzpolitik ist daher eine Politik, die die Bedingungen für Resonanzerfahrungen verbessern und ein gutes Leben erleichtern soll.

Warum es Suffizienz auch gesellschaftlich braucht – Politik für Nachhaltigkeit jenseits der Effizienzrevolution

Doch nicht nur individuell spielt Suffizienz für ein gutes Leben eine wichtige Rolle. Auch die globale gesellschaftliche Herausforderung einer nachhaltigen Entwicklung ist ohne Suffizienz nicht zu bewältigen. Nachhaltige Entwicklung steht für eine Entwicklung, die die Bedürfnisse heutiger Generationen befriedigt, ohne künftigen Generationen die Möglichkeiten zu ihrer Bedürfnisbefriedigung zu nehmen. Das Konzept nachhaltiger Entwicklung verbindet seit dem »Brundtland-Bericht« Ende der 1980er-Jahre die Umwelt- mit der Entwicklungsfrage. Es geht um einen gerechten Ausgleich zwischen den Ländern des globalen Nordens und Südens und gleichzeitig den langfristigen Umwelt- und Ressourcenschutz. Beides gelingt kaum. Besonders plastisch zeigt sich das in der Klimafrage: Der Wohlstand der industrialisierten Welt der letzten Jahrzehnte war nur möglich durch den massiven Rückgriff auf fossile Energieträger – Kohle, Öl und Gas. Der enorme Anstieg der CO_2-Emissionen in der Atmosphäre geht daher auf das Wirtschaften dieser Länder zurück. Jeder Amerikaner stößt rund 20 Tonnen CO_2 pro Kopf und Jahr aus, ein Deutscher rund zehn, ein Inder oder Afrikaner hingegen gerade mal eine Tonne.

Die ökologischen Folgen des erheblichen Anstiegs von

Treibhausgasen treffen aber in der Regel die ärmsten Staaten, die sich nicht schützen können: Zunehmende Extremwetterereignisse wie Wirbelstürme, Hochwasser oder Dürren belasten Länder wie Bangladesch, Vietnam oder Haiti – Länder, die kaum einen Anteil am CO_2-Anstieg hatten.

Gleichzeitig pochen die ärmeren Staaten auf ihr legitimes Recht auf eine vergleichbare ökonomische Entwicklung wie die Industriestaaten. Viele Schwellenländer, allen voran China, haben hier in der Vergangenheit eindrucksvoll aufgeholt – auch bei den damit verbundenen CO_2-Emissionen. So liegt China inzwischen bei über fünf Tonnen CO_2 pro Kopf und hat aufgrund seiner höheren Bevölkerungszahl die USA als weltweit größter CO_2-Produzent überholt.

Bei der Suche nach Lösungen für diese Herausforderung lautete die Antwort lange Zeit: Wir brauchen eine Entkopplung der Wirtschaftsleistung von der Umweltbelastung durch höhere Öko-Effizienz. Hinter diesem Begriff verbergen sich Produktionsprozesse und Produkte, die bei gleicher oder sogar höherer ökonomischer Leistung mit sehr viel weniger Umweltbelastung auskommen. Der Schlüssel dafür sind technologische Innovationen. Hier wurden in den letzten Jahren auch wichtige Erfolge erreicht: Moderne Automobilmotoren sind heute viel effizienter als ihre Vorgängermodelle aus den 1990er-Jahren, bei vielen chemischen Produktionsprozessen konnte der Energiebedarf stark gesenkt werden. Und die schöne Illusion, die dabei vermittelt wird, heißt: Weil die neuen grünen Technologien schnell auch zu einem wichtigen Exportschlager werden, lassen sich Ökologie und klassische Ökonomie ohne Probleme verbinden. Das ist die große Hoffnung der »Green Economy«.

In aktuellen Studien zeigt sich nun aber, dass in vielen Feldern zwar tatsächlich erhebliche relative Entkopplungen erreicht werden konnten – sich der Umweltverbrauch pro einzelne Produkteinheit also reduziert hat. Diese relativen Einsparungen wurden aber durch ein gleichzeitiges Wachstum der Produktmenge oder eine vermehrte Produktnutzung überkompensiert. Die Folge daraus: Die absoluten Umweltbelastungen wachsen weiter – auch dort, wo sie die globalen Belastungsgrenzen längst überschritten haben, wie beim Klimawandel. So haben sich die CO_2-Emissionen weltweit seit der großen Nachhaltigkeitskonferenz in Rio de Janeiro 1992 um 20 Prozent erhöht statt zu sinken – trotz aller gewaltigen technologischen Fortschritte in den letzten 20 Jahren.

Dieser Anstieg hängt dabei mit den realisierten Effizienzgewinnen zusammen. Denn öko-effiziente Motoren oder Produktionsprozesse verringern nicht nur die Umweltauswirkungen, sind also nicht nur ökologisch, sondern sie sind auch ökonomisch sparsamer. Die ökonomischen Einsparungen schaffen Anreize zur Produktions- oder Ausstattungsausweitung. Darum hat der »VW-Käfer«-Nachfolger »Beetle« des Jahres 2013 zwar einen sehr viel effizienteren Motor als ein »Käfer« der 1960er-Jahre. Aber er ist auch viel besser ausgestattet, somit schwerer und deutlich höher motorisiert. In der Folge ist der Spritverbrauch pro 100 Kilometer beider 50 Jahre auseinanderliegender Modelle sehr ähnlich. Dies ist ein Beispiel für immanente Wachstumseffekte von Effizienzsteigerungen, die die Ökonomen den »Rebound-Effekt« nennen. Er kommt in vielen Formen daher und ist ein wesentlicher Grund dafür, dass sich die Herausforderungen einer nachhaltigen Entwicklung mit Effizienz alleine nicht werden lösen lassen.

Suffizienz ist daher ein wichtiger Baustein, um mit der Herausforderung einer nachhaltigen Entwicklung umzugehen. Statt alleine auf technologische Innovationen zu setzen, zielt Suffizienz auf soziale Innovationen. Suffizienz schafft Wohlstand mit weniger Natur- und Materialverbrauch.

Aus Sicht einer nachhaltigen Entwicklung ist ein besonderes Kennzeichen der Suffizienz, dass sie unter bestimmten Voraussetzungen viel schneller umzusetzen ist als die Entwicklung neuer Technologien. Letztere müssen aufwendig entwickelt, erprobt, verbessert und in Märkten durchgesetzt werden. Das kann Jahre oder Jahrzehnte dauern. Gerade beim Klimawandel drängt die Zeit. Deswegen werden Ansätze wichtig, die auch kurzfristig greifen können. Wie das aussehen kann, hat die Energiesparinitiative »Setsuden« in Japan nach der Katastrophe von Fukushima gezeigt. Die nach der Katastrophe nötigen Stromeinsparungen gelangen in kürzester Zeit. Ohne nennenswerte Einschränkungen wurden Energieeinsparungen von 15 bis 20 Prozent erreicht: Zum Beispiel wird Licht seitdem bewusster eingesetzt, und statt Klimaanlagen zu betreiben, änderte sich der Dresscode in japanischen Büros entsprechend der Temperatur. In Deutschland würde die flächendeckende Einführung von Tempo 100 nach Berechnungen des Umweltbundesamts unmittelbar rund fünf Prozent Kraftstoffeinsparung bringen.

Bei der Suffizienz können wir global auf Augenhöhe voneinander lernen. Denn anders als bei technologischen Innovationen, die leistungsfähige Industrien und ein ausgebautes Forschungssystem brauchen, sind Suffizienzinnovationen überall möglich: So können wir von Indiens vegetarischer Kultur genauso lernen wie von Bhutans Gross-National-Happiness-Politik oder von der Fahrradkultur in Kopenhagen, wo es heute selbstverständlich ist, mit dem Rad zur Arbeit zu fahren, und wo der Radverkehrsanteil bei über einem Drittel liegt.

Suffizienzpolitik schafft die Rahmenbedingungen für soziale und neue Formen technologischer Innovationen. Sie ergänzt die bestehende Innovationspolitik und schafft damit die Grundlage für eine Zivilisation, die die gesamte Breite menschlicher Potenziale entfaltet und die der Verantwortung einer nachhaltigen Entwicklung gerecht wird.

Suffizienzpolitik als Beitrag zu einem aufgeklärten Liberalismus

Greift eine Suffizienzpolitik nun in die Freiheitsrechte des Einzelnen ein? Der Vorwurf vom Antiliberalismus wird schnell gegen diejenigen erhoben, die sich für verbesserte Bedingungen für Suffizienz stark machen. Hier hilft ein näherer Blick auf das, worum es im Liberalismus eigentlich geht. Dann wird schnell deutlich, dass die Vorwürfe aus einem sehr reduzierten Verständnis von »Liberalismus« resultieren.

Reduziert man die Bürger einer Gesellschaft auf ihren Status als Konsumenten, dann wird Liberalismus zu einem reinen Konsumliberalismus: Jeder kann kaufen und konsumieren, was, wo und wie er möchte – von der Fernflugreise über das hochmotorisierte Auto bis hin zum Jetski-Fahren im Urlaub. Diese Form des freien Konsums für freie Bürger hat aus Freiheitssicht gleich mehrere Tücken: Sie steht erstens nur denjenigen offen, die über ausreichend finanzielle Mittel verfügen, um sich einen solchen Konsum zu erlauben. Zweitens schränkt die Ausübung des Konsums schnell die Freiheits- und Entfaltungsrechte anderer ein, die unter den Folgen des Konsums leiden müssen: beispielsweise die Radfahrer, die sich angesichts großvolumiger Autos im Straßenverkehr nicht mehr sicher fühlen. Oder die sich nach Ruhe sehnenden Badegäste oder Schwimmer, die durch Jetski-Fahrer gestört und gefährdet werden. Oder diejenigen, die in den Einflugszonen von Flughäfen unter Fluglärm leiden. Noch gar nicht berücksichtigt sind dabei die Freiheitsrechte der Menschen weltweit, die die Folgen des durch unseren Konsum ausgelösten Klimawandels oder anderer Umweltschäden zu ertragen haben.

In unserem Grundgesetz gibt es daher bewusst den Paragraphen 14.2, in dem geregelt wird, dass »Eigentum verpflichtet«. Die Ausübung eigener Freiheitsrechte gerät immer dort an Grenzen, wo sie die Freiheitsrechte anderer beeinträchtigt. Genau für diesen Ausgleich braucht es eine politische Rahmensetzung. Gute liberale Politik hat daher den Bürger nicht nur als Konsumenten im Blick, sondern als Staatsbürger. Ein aufgeklärter Liberalismus zielt darauf, möglichst allen Bürgern ein Maximum an individueller Entfaltung zu ermöglichen. Es geht um die Toleranz gegenüber einer Vielfalt von unterschiedlichen Lebensweisen, die nebeneinander existieren können. Suffiziente Lebensweisen sind in aller Regel wenig invasiv, das heißt sie schränken andere in der Entfaltung ihrer Lebensentwürfe kaum ein. Eine Politik, die suffizientes Leben einfacher macht, ist daher eine im Kern liberale Politik. Sie eröffnet

Perspektiven für eine Vielfalt nebeneinander bestehender Lebensentwürfe in globaler Verantwortung.

Suffizienzpolitik als Ermöglichungspolitik nimmt den ganzen Bürger und alle Bürger ernst. Sie wägt unterschiedliche Ansprüche gegeneinander ab, diskutiert die Entfaltungsoptionen und das Miteinander unterschiedlicher Lebensentwürfe. Aus diesem Grund ist Suffizienzpolitik auch in sehr hohem Maße partizipativ – wie der folgende Abschnitt zeigen wird.

Zum Wesen der Suffizienzpolitik

In den vorangegangenen Abschnitten wurde deutlich, welches Potenzial in einer Politik steckt, die mehr Raum für Suffizienz eröffnet – als Erweiterung individueller Entfaltungsmöglichkeiten und als Beitrag zum Umgang mit den vielfältigen Herausforderungen einer nachhaltigen Entwicklung.

Suffizienzpolitik schafft Rahmenbedingungen für ein Handeln und für Lebensweisen, die nicht nur national, sondern auch global verallgemeinerungsfähig sind. Suffizienzpolitik ist die konsequente Erweiterung der sozialen Marktwirtschaft, also einer Ordnungspolitik, die individuelle Entfaltung und sozialen sowie ökologischen Ausgleich in ein neues Gleichgewicht bringt.

Doch wie funktioniert Suffizienzpolitik? Wie kann

Politik konkret die Rahmenbedingungen dafür gestalten, dass »gutes Leben einfacher wird«? Welche Charakteristika zeichnen eine Suffizienzpolitik aus?

Suffizienzpolitik als Querschnittspolitik. Sie reicht in zahlreiche Politikfelder hinein – in die Verbraucher- und Verkehrspolitik genauso wie in Wohnungsbaupolitik, Stadtplanung, Gesundheits- und Sozialpolitik. Suffizienzpolitik kann auf kommunaler Ebene genauso ansetzen wie auf regionaler, nationaler und europäischer Ebene. Sie kann unterschiedliche Eingriffstiefen haben, grundlegende institutionelle Aspekte unseres Wirtschaftens genauso adressieren wie konkrete fachliche Bereiche. Auf der einen Seite ist das eine Herausforderung. Suffizienzpolitik lässt sich nicht einfach an ein schon bestehendes Fachressort delegieren. Auf der anderen Seite ist das eine große Chance, da Suffizienzpolitik auf diese Weise an zahlreichen Stellen starten und Fahrt aufnehmen kann.

Ähnliche Konstellationen gibt es auch in anderen Politikfeldern: Gesundheits-, Gleichstellungs- oder Demografiepolitik sind mit den gleichen Herausforderungen konfrontiert. Auch hier ist es gelungen, diese als übergreifende Politikfelder zu etablieren und Institutionen und Repräsentanten für die Durchsetzung einer solchen Querschnittspolitik zu schaffen. Suffizienzpolitik kann sich hiervon inspirieren lassen und davon lernen.

Suffizienzpolitik als Mehrebenenpolitik. Randbedingungen dafür zu schaffen, dass gutes Leben einfacher wird, ist auf internationaler und nationaler Ebene genauso möglich wie regional und lokal. Auf jeder dieser Ebenen kann Suffizienzpolitik starten. Sie ist damit Thema für den Stadtrat genauso wie für eine Landesregierung oder die Bundespolitik. Die Ansätze auf den verschiedenen Ebenen ergänzen sich und verstärken in ihrem Zusammenspiel die Bedingungen für »gutes Leben«, und sollten miteinander in Bezug gesetzt werden.

Suffizienzpolitik als experimentelle Politik. Klassische Wirtschafts- und Technologiepolitik, aber auch die Sozialpolitik sind etablierte Politikfelder. Hier haben sich über Jahrzehnte komplexe Institutionen und politische Arrangements herausgebildet. Suffizienzpolitik ist ein neuer Politikansatz, eine neue »Policy«. Sie kann auf bestehende Institutionen zurückgreifen, braucht aber teilweise auch ganz neue Ansätze. Der Weg in eine Suffizienzpolitik sollte daher experimentell beschritten werden. Es geht um die sensible Abwägung unterschiedlicher Entfaltungs- und Freiheitsmöglichkeiten. Hier bedarf es Gestaltungsmut, aber auch die Bereitschaft aus Fehlern zu lernen und so Suffizienzpolitik reifen zu lassen.

Suffizienzpolitik als partizipative Politik. Der experimentelle Charakter, aber noch mehr die Tatsache, dass es bei der Suffizienzpolitik um das »gute Leben« von Menschen geht, machen es unabdingbar, dass Suffizienzpolitik partizipativ gestaltet wird. Freie Bürger sollen die Rahmenbedingungen mitdiskutieren und mitgestalten können, die ein vielfältiges und gutes Leben für möglichst viele ermöglichen.

Suffizienzpolitik steht damit für

(1) einen aufgeklärten Liberalismus, der auch nachhaltigen Lebensentwürfen eine Chance zur Entfaltung gibt,

(2) eine auf Wohlstand ausgerichtete Ordnungspolitik, also einen Ordnungsrahmen, der die gesamte Breite aller Wohlstandsfaktoren einbezieht und sich nicht auf ökonomisches Wachstum beschränkt,

(3) eine kulturoptimistische Perspektive, die Politik, Zivilgesellschaft und Wirtschaft befähigt, neue Wertorientierungen in politisches und unternehmerisches Handeln umzusetzen und

(4) eine gesellschaftswissenschaftlich aufgeklärte Politikgestaltung, die versteht, dass individuelles Handeln immer in institutionelle und gesellschaftliche Kontexte eingebettet ist.

Suffizienzpolitik – Annäherung aus vier Perspektiven

Dieses Buch zeigt in den folgenden Kapiteln vier konkrete Zugänge für eine Suffizienzpolitik auf (vgl. auch die Abbildung auf Seite 165). Damit möchte es eine Debatte befördern, die Suffizienzpolitik zu einem etablierten Politikfeld der Zukunft werden lässt:

Rahmen – Perspektiven für eine neue Ordnungspolitik. Die Idee der Suffizienzpolitik ist eine Weiterentwicklung der Marktwirtschaft. Es geht um Ordnungsrahmen für wirtschaftliches Handeln, die nicht nur den sozialen Ausgleich in Deutschland, sondern Gerechtigkeit weltweit im Blick haben. Suffizienzpolitik ist daher erst einmal Ordnungspolitik, welche die Orientierung an einem guten Leben erleichtert. Dazu gehören beispielsweise neue Wohlstandsmaße für unsere Volkwirtschaft. Denn das Bruttosozialprodukt bildet immer weniger ab, was wirklichen Wohlstand in einer Gesellschaft ausmacht. Es geht um eine Wettbewerbsordnung und eine Steuerpolitik, die dafür sorgt, dass Gemeingüter nicht übernutzt werden, oder dass zumindest der Nutzer den Schaden kompensiert. Rahmenpolitik sorgt für Infrastrukturen, die ein gutes Leben für alle erleichtern – von Radwegen in Städten bis zu gut erreichbaren Naherholungsräumen. Und schließlich ist Gerechtigkeits- und Verteilungspolitik ein wichtiges Element einer Rahmenpolitik für gutes Leben. Denn Wohlstand wird in modernen Gesellschaften viel stärker durch den Grad der Gleichheit und Gerechtigkeit als durch die absolute Höhe des Bruttosozialproduktes definiert. Das zeigt uns eindrucksvoll die jüngere Forschung.

Orientieren – Das rechte Maß für Zeit und Raum, Besitz und Markt. Politikansätze, die Orientierung liefern, sind ein zweiter Zugang zur Suffizienzpolitik. Sie widmen sich den Charakteristika moderner Gesellschaften: Beschleunigung, Globalisierung, Mengenwachstum, Kommerzialisierung. Diese Entwicklungen haben strukturelle Ursachen. Suffizienzpolitik muss daher einerseits an den strukturellen Ursachen ansetzen. Anderseits bedarf es einer Politik, die diesen andere Orientierungen entgegensetzt, welche ein Bewusstsein für den Wert von Entschleunigung, Regionalisierung oder das Finden des rechten Maßes adressieren. Solche Politikansätze sind bewusstseinsbildend; sie zeigen notwendige Richtungen künftiger Entwicklung auf und stützen damit die politischen Ansätze auf den anderen Ebenen.

Gestalten – Mobilität, Wohnen, Ernährung. Politik für gutes Leben setzt an konkreten politischen Handlungsfeldern an: der Verkehrspolitik, der Stadt- und Wohnungsbaupolitik oder der Ernährungs- und Landwirtschaftspolitik. Dies sind Politikfelder, in denen sich viele Möglichkeiten für eine Suffizienzförderung finden. Der große Vorteil dieses Zugangs besteht darin, dass es sich hier um etablierte Politikfelder mit eigenen Ministerien auf Bundes- und Landesebene handelt. Daher können Suffizienzressortpolitiken an bestehende politische Instrumentarien anknüpfen, diese weiterentwickeln und über Ressorts hinweg integrieren. Darüber hinaus kann hier ein produktiver Wettbewerb um gute Suffizienzpolitik zwischen unterschiedlichen Ländern entstehen – die Chance für eine politische Experimentierkultur.

Ermöglichen – Ressourcen für Suffizienz durch Arbeits-, Bildungs-, Gesundheits- und Verbraucherpolitik. Gutes Leben profitiert stark von einer Flankierung durch andere Politikfelder: Bildungspolitik, Arbeits(zeit)politik, eine gute Verbraucher- oder Gesundheitspolitik. Hier werden ebenfalls Grundlagen und Fähigkeiten für ein gutes Leben geschaffen. Je stärker diese »Ressourcen« für ein gutes Leben ausgeprägt sind, desto einfacher fällt ein suffizientes Leben.

Kapitel I
Rahmen – Perspektiven für eine neue Ordnungspolitik

Wie wir unsere Wirtschaft organisieren, hat entscheidenden Einfluss darauf, wie viel Wohlstand in einer Gesellschaft entsteht. Die soziale Marktwirtschaft hat sich nach dem Zweiten Weltkrieg als ein Erfolgsmodell moderner Wirtschaftsorganisation erwiesen. Sie hat Eigeninitiative und die Kraft der Märkte befördert und gleichzeitig für sozialen Ausgleich und soziale Sicherung gesorgt. Deutschland hat damit einen vorher nie gekannten Wohlstand erlebt. Stabilisiert wurde das deutsche Wirtschaftswunder durch kontinuierliches Wirtschaftswachstum. Es schuf insbesondere Spielraum für den sozialen Ausgleich.

In den 1970er-Jahren traten erste Brüche in der Entwicklung auf. Verschärft durch die Ölkrise wurde deutlich, dass sich das Wachstum der ersten 30 Nachkriegsjahre nicht so fortsetzen ließe. Die Spielräume für soziale Verteilung wurden geringer. Inflationspolitik und später dann Staatsverschuldung waren ab da der Weg, um sozialen

Ausgleich auch bei abnehmenden Wachstumsraten weiterhin herzustellen.

Durch die zunehmende Globalisierung nahm über die Jahre die Möglichkeit ab, Kapitaleigentümer für den sozialen Ausgleich über entsprechende Besteuerung in die Pflicht zu nehmen. Denn gerade Kapital erwies sich in einer liberalisierten Weltwirtschaft als der beweglichste Produktionsfaktor. Der Ausgleich von »Demokratie« – im Sinne einer gerechten Teilhabe aller am Wohlstand einer Gesellschaft – und »Kapitalismus« – im Sinne einer Berücksichtigung von Kapitalinteressen, um ausreichende Investitionen zu sichern, – verschob sich immer mehr in Richtung Kapital. Auch der Staat machte zunehmende Zugeständnisse an das Kapital. Seitdem wachsen Kapitaleinkommen sehr viel stärker als Lohneinkommen.

Der Leiter des Max-Planck-Institutes für Gesellschaftsforschung, Wolfgang Streeck, spricht deswegen auch provozierend von der nur »vertagten Krise des demokratischen Kapitalismus«. Er macht deutlich, dass Demokratie und Kapitalismus nicht zwangsläufig eine harmonische Partnerschaft eingehen. Viele Beispiele in der Welt zeigen heute, dass eine kapitalistische Wirtschaftsorganisation auch mit hoch undemokratischen Regimen einhergehen kann. Der Ausgleich von demokratischer politischer Organisation und ausreichender ökonomischer Wohlstandsproduktion muss demnach immer wieder aufs Neue errungen und justiert werden. Die bisherige Form der sozialen Marktwirtschaft war eine solch gelungene Justierung. Sie gilt es als Ordnungsrahmen weiterzuentwickeln.

Dies hat deswegen viel mit Suffizienz zu tun, weil wir seit den 1970er-Jahren ein weiteres Phänomen beobachten: Steigendes ökonomisches Wachstum führt ab einer bestimmten Einkommensschwelle faktisch kaum noch zu einer Steigerung der Zufriedenheit. Der amerikanische Ökonom Richard Easterlin hatte dieses Phänomen erstmalig in einem berühmt gewordenen Aufsatz im Jahr 1974 untersucht: Er zeigte, dass die Amerikaner trotz erheblich wachsenden Volkseinkommens im Durchschnitt kaum zufriedener wurden. Seit den 1970er-Jahren sind viele weitere Studien entstanden, die dieses als »Easterlin-Paradox« bezeichnete Phänomen bestätigt haben. Zufriedenheit und Lebensqualität werden ab einer bestimmen Einkommensschwelle von anderen Faktoren sehr viel stärker beeinflusst als von einem wachsenden Volkseinkommen.

Dies hat erhebliche Auswirkungen auf eine zukunftsfähige Wohlstandspolitik. Sie muss sich dann nicht nur auf die Ordnungsrahmen konzentrieren, die das ökonomische Wachstum befördern, sondern die gesamte Breite an Einflussgrößen im Blick haben, die den Wohlstand in einer Volkswirtschaft befördern. Faktisch geht es hier um eine Erweiterung der sozialen Marktwirtschaft.

Auf internationaler Ebene wird genau an solchen Fragen gearbeitet. Federführend ist hier interessanterweise die OECD, die Organisation für wirtschaftliche Zusammenarbeit und Entwicklung. Diese Organisation wird von über 30 führenden europäischen, amerikanischen und ausgewählten asiatischen Staaten sowie Australien getragen, die sich alle den Prinzipien von Demokratie und Marktwirtschaft verpflichtet fühlen. Die OECD begleitet die internationale ökonomische Entwicklung mit umfassenden statistischen Analysen, um die Politik der ihr angeschlossenen Länder zu unterstützen. Seit einiger Zeit ist sie daher auch sehr an den Faktoren interessiert, die den Wohlstand (das »human well-being«) der Menschen in ihren Mitgliedsländern beeinflussen und an der Frage, wie stark diese Faktoren mit dem Wachstum des Bruttosozialproduktes zusammenhängen. Dies passiert in der »Better Life Initiative« der OECD, die sich um »bessere Politik für ein besseres Leben« bemüht.

Die Erkenntnisse dieser Analysen sind hochinteressant. Die OECD identifiziert elf Faktoren, die für unser Wohlbefinden von zentraler Bedeutung sind:

- Einkommen und Vermögen,
- die Arbeit,
- die Wohnbedingungen,
- der Gesundheitszustand,
- die Work-Life-Balance,
- Ausbildung und Fähigkeiten,

- der Grad der sozialen Vernetzung,
- das zivilgesellschaftliche Engagement,
- die Umweltqualität,
- die persönliche Sicherheit und
- die persönliche Wahrnehmung des Wohlbefindens.

Drei dieser Faktoren haben eine unmittelbare materielle Qualität und sind daher eng mit der Höhe des Bruttosozialprodukts verbunden: Einkommen, Arbeit und Wohnbedingungen. Die anderen acht Faktoren erweisen sich als sehr viel weniger an das Bruttosozialprodukt gekoppelt und sind zum Teil völlig unabhängig davon. Dies erklärt beispielsweise auch, warum es Länder gibt, die bei einen sehr viel geringeren Bruttosozialprodukt pro Kopf genauso hohe oder sogar höhere Zufriedenheitswerte aufweisen als Länder mit einem sehr viel höheren Pro-Kopf-Bruttosozialprodukt. Empirisch zeigt sich, dass schon bei einem Bruttosozialprodukt beziehungsweise einem Kaufkraftäquivalent von rund 10.000 Euro pro Kopf und Jahr sehr hohe Zufriedenheitswerte möglich sind, weil ab dieser Schwelle alle wichtigen materiellen Grundbedürfnisse (wie Wohnen, Ernähren, Bildung, Gesundheit, Mobilität) zu befriedigen sind.

Wie stark Wohlbefinden und materieller Wohlstand einer Bevölkerung auseinanderfallen können, wird eindrucksvoll am amerikanischen Gesundheitssystem deutlich: Es ist das finanziell am besten ausgestattete Gesundheitssystem der Welt. Pro Kopf geben die Amerikaner rund das Doppelte für ihr Gesundheitssystem aus wie der Durchschnitt der OECD-Staaten. Dennoch sind knapp 50 Millionen US-Amerikaner nicht krankenversichert und haben daher faktisch kaum Zugriff auf medizinische Versorgung – mit erheblichen Auswirkungen auf den Gesundheitszustand. Das Beispiel zeigt: Ein höheres Bruttosozialprodukt sichert nicht automatisch eine höhere Lebensqualität, wenn der Ordnungsrahmen nicht stimmt.

Genau diese Frage ist Gegenstand des folgenden Kapitels: Wie müssen Ordnungsrahmen aussehen, die ein »gutes Leben« für viele selbst dann gewährleisten, wenn das Bruttosozialprodukt kaum oder nur noch wenig steigt?

Wohlstandsmaß neu denken – die richtige Orientierung für unsere Politik

Für jede Politik ist zentral, an welchen Zielen sie sich orientiert. Diese geben den Kompass vor – auch für die Gestaltung des Ordnungsrahmens. Der Kompass der letzten Jahrzehnte war klar definiert: Wirtschaftswachstum – gemessen in der Höhe des Bruttosozialprodukts. Dieses Orientierungsmaß hat sich tief in das kollektive Gedächtnis von Politik und Gesellschaft eingeprägt. Mit Spannung schauen wir auf jede neue Wachstumsprognose, die Parteiprogramme aller Parteien sind voll mit Ansätzen für eine künftige Wachstumspolitik.

Die Orientierung am Bruttosozialprodukt war bei aller methodischen Kritik durchaus sinnvoll. Und zwar solange die Lebensqualität in einer Volkswirtschaft eng mit einer Steigerung des Bruttosozialprodukts zusammenhing. Dies ist aber immer weniger der Fall, wie wir weiter oben gesehen haben. Das Bruttosozialprodukt kann steigen, während sich die Lebensqualität der Menschen im Durchschnitt kaum verändert oder sogar schlechter wird.

Deshalb braucht es neue Orientierungsmaße für die Politik. Der Deutsche Bundestag hat zu dieser Frage in den Jahren 2011 bis 2013 eine Enquete-Kommission zum Thema »Wachstum, Wohlstand, Lebensqualität« eingesetzt. Eine ihrer wichtigsten Aufgaben war es, einen alternativen Indikator für die künftige Wohlstandsmessung vorzulegen. Leider hat sie diese Aufgabe nicht erfüllt. Sie hat an die Seite des Bruttosozialprodukts lediglich neun zusätzliche Indikatoren aus dem ökonomischen, sozialen und ökologischen Bereich gestellt. So ist ein weiterer breiter Indikatorensatz entstanden, wie es schon viele in der Nachhaltigkeitsdebatte und -politik gibt. Angesichts der großen Zahl an Indikatoren in dem von der Enquete-Kommission entwickelten Indikatorenset ist kaum zu erwarten, dass damit die Bedeutung des Bruttosozialproduktes als Leitindikator künftiger Politik gebrochen werden kann.

Die Debatte in der Kommission hat leider zu wenig Bezug auf die internationale Diskussion genommen. Denn dort ist man schon sehr viel weiter bei der Suche nach alternativen Orientierungsmaßen für eine künftige Wohlstandspolitik. Und dies gilt nicht nur für die OECD mit ihrer differenzierten Analyse der Einflussfaktoren für den gesellschaftlichen Wohlstand.

Einige kanadische und amerikanische Bundesstaaten wie Maryland arbeiten mit einem aggregierten alternativen Indikator für das Messen des Wohlstands, dem »Genuine Progress Indicator« (GPI). Er misst den »realen« Fortschritt, indem das Bruttosozialprodukt um Bereiche ergänzt wird, die es bisher nicht abbildet (wie etwa Haus- und Familienarbeit). Insbesondere wird es aber um Größen bereinigt, die zwar das Bruttosozialprodukt erhöhen, aber keinen wirklichen Fortschritt bedeuten (unter anderem Kosten zur Beseitigung von Umweltschäden, Kosten durch Verbrechen, Unfälle oder Staus etc.). Das Ergebnis einer solchen Berechnung ist frappierend: Trotz eines erheblichen Pro-Kopf-Anstiegs des Bruttosozialprodukts ist der GPI pro Kopf in Maryland seit 1960 kaum gewachsen. Ein Großteil des ökonomischen Zuwachses wurde durch die Folgekosten sozialer und ökologischer Schäden kompensiert.

In Deutschland haben Hans Diefenbacher und Roland Zieschank mit dem Nationalen Wohlfahrtsindex (NWI) einen analogen Index geschaffen. Er bereinigt das bestehende Sozialprodukt ebenfalls um nicht gemessene Wohlstandsproduktion sowie um die Schäden aus ökologischen und sozialen Folgewirkungen, die sich heute noch vermeintlich wohlstandssteigernd im Bruttosozialprodukt finden. Zudem berücksichtigen Diefenbacher und Zieschank bei ihrem Indikator auch die Einkommensverteilung. Denn wenn ein Mehr an Bruttosozialprodukt aufgrund ungleicher Einkommensverteilung nur bei wenigen ankommt, ist der Wohlstandseffekt weit geringer, als wenn viele vom Zuwachs profitieren. Auch hier sind die Ergebnisse überraschend: Im Jahr 2011 wurde der NWI für Schleswig Holstein für die Jahre 1999 bis 2008 ermittelt. In diesem Zeitraum ist das Bruttosozialprodukt in Schleswig Holstein nur um 0,2 Prozent gewachsen, der NWI dagegen um 9,4 Prozent. Der Bundestrend ging dagegen in eine ganze andere Richtung. Hier war das Bruttosozialprodukt im gleichen Zeitraum um 7,4 Prozent gewachsen, der NWI aber um 3,2 Prozent gefallen. Bessere Umweltqualität und höherer sozialer Ausgleich in Schleswig-Holstein führten dazu, dass trotz des geringen Bruttosozialproduktwachstums die Lebensqualität stärker stieg als im Bundesdurchschnitt.

Schon an diesen Beispielen wird deutlich, welche Bedeutung es hätte, wenn eine Bundesregierung oder einzelne Landesregierungen ein alternatives Wohlstandsmaß zum

Orientierungspunkt ihrer Politik machten; wenn der Erfolg einer Legislaturperiode daran gemessen würde, ob es gelungen ist, den Nationalen Wohlfahrtsindex zu steigern und nicht das Bruttosozialprodukt. Auch einzelne Kreise und Städte könnten einen solchen Wohlstandsindikator zum Orientierungsmaß ihrer Politik machen. Damit würde eine wirkliche Umorientierung der Politik möglich, ein ernsthafter Blick auf die Faktoren, die den Wohlstand in einer Gesellschaft jenseits des Bruttosozialprodukts bedingen und mehren.

Dies ist durch ein einfaches erweitertes Indikatorenset kaum zu erreichen – das zeigen die Erfahrungen mit den Nachhaltigkeitsindikatoren der Bundesregierung, die sowohl in der Öffentlichkeit als auch von der relevanten Politik nicht wirklich wahrgenommen werden. Dabei ändert ein neues Orientierungsmaß noch nicht die strukturellen Wachstumsabhängigkeiten, die in den heutigen Volkswirtschaften bestehen. Es schafft aber einen starken Ausgangspunkt, sich diesen Fragen zu stellen.

Wie weit eine solche Umorientierung gehen kann, wenn sich Politik konsequent an einem anderen Indikator ausrichtet, hat das kleine Land Bhutan vorgemacht. Seit vielen Jahren orientiert Bhutan seine Politik am »Gross National Happiness Index« (GNH), der Wohlstand in sieben Dimensionen misst und aggregiert:

- Economic Wellness,
- Ecological Wellness,
- Physical Wellness,
- Mental Wellness,
- Workplace Wellness,
- Social Wellness und
- Political Wellness.

Diese Indikatoren ähneln den elf Einflussfaktoren, die auch die OECD zugrunde legt. Die Orientierung am GNH hat in Bhutan zu einer ganz anderen Form der Wohlstandspolitik geführt, die viel mehr Wert auf Gesundheit, Bildung und soziales Miteinander legt und die Bevölkerung intensiv in die Wohlstandspolitik mit einbezieht.

Beispiele wie dieses zeigen – trotz aller besonderen Bedingungen und Herausforderungen –, wie Orientierungsmaße für gutes Leben jenseits von Steigerungen des Bruttosozialprodukts möglich sind. Eine Politik, die »gutes Leben leichter machen will«, muss daher über Orientierungsmaße verfügen, welche die Faktoren guten Lebens in seinen vielfältigen Dimensionen als Zielgröße abbilden.

Wettbewerbs- und Ordnungspolitik, die die Gemeingüter schützt

Schon den Vätern der sozialen Marktwirtschaft war klar: Ihr ganzes Potenzial können die Kräfte des Marktes nur entfalten, wenn die Grundlagen ihres Funktionierens geschützt und gesichert sind. Ohne Gewährleistung wirklichen Wettbewerbs, ohne sozialen Frieden und soziale Gerechtigkeit ist keine nachhaltige Markt- und Gesellschaftsordnung aufrechtzuerhalten. Aber all dies sind Faktoren, die Märkte zwar für ihr Funktionieren brauchen, die aber nicht durch Märkte reproduziert werden. Denn aus Sicht des einzelnen Marktakteurs ist es immer wieder rational, diese Grundlagen zu untergraben, um dadurch eine bessere wirtschaftliche Situation zu erreichen.

Deswegen braucht es Ordnungspolitik. Darum sind in der sozialen Marktwirtschaft beispielsweise soziale Sicherungssysteme oder starke Arbeitnehmerrechte entstanden. All dies sind soziale Gemeingüter, die das Funktionieren einer gerechten Marktwirtschaft ermöglichen.

Seit mindestens 20 Jahren wird immer deutlicher, dass sich eine angemessene Rahmenordnung nicht nur auf den unmittelbaren sozialen Schutz der Arbeitnehmer in Deutschland beschränken kann. Diese werden heute nur selten unterlaufen, um die Kapitalrendite zu erhöhen. Die Ausbeutung von Gemeingütern hat sich vielmehr verlagert, sowohl sozial als auch ökologisch: Durch die Globalisierung findet die soziale Ausbeutung heute in anderen Teilen der Welt statt. Die Tragödien um die Textilarbeiterinnen in Bangladesch haben das dramatisch gezeigt. Insbesondere gibt es aber eine massive ökologische Ausbeutung: Ein Großteil unseres Wohlstands basiert auf Ressourcenverbrauch und Umweltzerstörung, für deren Folgen die davon profitierenden Unternehmen und Konsumenten nicht aufkommen müssen. Wir haben heute einen hohen Nutzen von viel zu billigen Rohstoffen wie Öl, Gas, Kohle oder Palmöl. Die massiven Umweltfolgen durch Wasserverschmutzung, den Klimawandel oder die Vernichtung der Biodiversität müssen künftige Generationen und Menschen am anderen Ende der Welt tragen.

Der lange Zeit am »Wuppertal Institut« tätige Wirtschaftswissenschaftler Gerhard Scherhorn bezeichnet dies als die neuen Formen »unlauteren Wettbewerbs«. Durch den Rückgriff auf diese vermeintlich »freien« Güter verschaffen sich einzelne Unternehmen einen Wettbewerbsvorteil gegenüber solchen, die auf den Schutz der Gemeingüter achten. Er macht daher den Vorschlag – gestützt auf die Grundgesetzartikel 14.2 (Eigentum verpflichtet) und 20a (Der Staat schützt die natürlichen Lebensgrundlagen), – das Gesetz gegen unlauteren Wettbewerb entsprechend zu erweitern. Der Rückgriff auf Gemeingüter ohne angemessene Kompensation sollte zum Tatbestand unlauteren Wettbewerbs werden. Der Vorschlag zeigt, wie vielfältig mögliche Ansatzpunkte für eine Rahmenpolitik sind, die für »gutes Leben« zentrale Gemeingüter schützt.

Eine näher liegende und leichter umzusetzende Form der Ordnungspolitik ist es, dafür zu sorgen, dass sich der Wert und die Folgekosten von Gemeingütern in »wahren« Preisen abbilden. Eine ökologische Steuerreform oder Emissionsrechte, die ökologisch angemessene Begrenzungsziele setzen, sind dafür die richtigen Ansatzpunkte. Sie machen den Verbrauch von Umweltressourcen teurer und erhöhen damit die Anreize für ein Wirtschaften, das seine ökologischen Lebensgrundlagen erhält.

Für die Förderung suffizienter Lebensweisen ist dies von hoher Bedeutung. Energie- und ressourcensparende Lebensstile werden damit auch ökonomisch attraktiver.

Suffizienzfördernde Infrastrukturen schaffen

Vieles von dem, was ein gutes Leben beeinflusst, ist von Infrastrukturen abhängig: Verkehrsinfrastrukturen, die zum Radfahren und Laufen einladen, Parks, Schwimmbäder und Grünflächen für die Erholung, Bildungs- und Gesundheitseinrichtungen sind nur einige Beispiele. Je mehr solcher Infrastrukturen für Menschen verfügbar sind, desto leichter wird ein gutes Leben auch bei geringem Einkommen möglich. Je weniger solcher öffentlichen Infrastrukturen es gibt, desto stärker hängt gutes Leben an einem großen Einkommen. Denn wer viel verdient, der kann es sich erlauben, im Grünen zu leben und dennoch täglich mit dem (großen) Auto zur Arbeit zu pendeln, einen eigenen Pool zu haben und seinen Kindern umfassende Bildungs- und Qualifikationsangebote zu finanzieren.

Infrastrukturpolitik ist daher eine wichtige Form suffizienzfördernder Rahmenpolitik. Ganz viel davon spielt sich im lokalen Bereich ab. Eine gute Stadtplanung kann viel bewirken, wenn es darum geht, gesunde, altersgerechte und ökologische Städte zu schaffen. Die in den 1970er-Jahren begonnene Umgestaltung verkehrsüberlasteter Innenstädte in Fußgängerzonen hatte erstmalig gezeigt, wie sich veränderte Infrastrukturen unmittelbar auf die Lebensqualität auswirken (vgl. auch den Abschnitt »Bauen und Wohnen« auf Seite 73 ff.).

Oft ergeben sich interessante Möglichkeiten, wenn der Umbau von Infrastrukturen innovativ gerahmt wird. Ein schönes Beispiel dafür ist die Renaturierung der Emscher im nördlichen Ruhrgebiet. Der Fluss wurde ab Mitte des 19. Jahrhunderts mit Kohleabbau und Industrialisierung zur Abwasserrinne des Ruhrgebiets. Anfang der 1990er-Jahre begann eine umfassende Renaturierung. Heute sind die Erfolge zu sehen. Der Emscherradweg und der Emscherpark sind inzwischen beliebte Orte der Erholung. Die Lebensqualität für die Emscher-Anwohner ist dadurch erheblich gestiegen und hat zu einer bedeutenden Aufwertung der Region beigetragen. Der Emscher-Umbau ist ein schönes Beispiel dafür, wie Infrastrukturumbau zu Lebensqualitätspolitik werden kann.

In wassernahen Städten wird das »Stadtblau«, also die Stadtgewässer, immer mehr als wichtige Infrastruktur entdeckt. Ähnlich wie schon bei der Förderung des Radverkehrs ist hier international wieder Kopenhagen einer der Vorreiter: Der Kopenhagener Hafen war lange reine Transport- und Verkehrsinfrastruktur inmitten der Stadt. Niemand wäre auf die Idee gekommen, in dem schmutzigen Wasser zu baden. Durch eine konsequente Umfeld- und Revitalisierungspolitik der Stadt hat sich das in den letzten Jahren massiv geändert. Heute gibt es dort unter anderem drei Hafen-Schwimmbäder. Der Hafen mitten in der Stadt ist jetzt ein wichtiges Zentrum für Lebensqualität und Erholung.

Auf dem Weg zu einer suffizienzfördernden Verteilungspolitik

»Gleichheit ist Glück. Warum gerechte Gesellschaften für alle besser sind« – so lautet der deutsche Titel des 2009 erschienenen Buches von Richard Wilkinson und Kate Pickett. Die beiden Epidemiologen haben sich eine Reihe von Indikatoren für gesellschaftliche Wohlfahrt angeschaut, zum Beispiel die Lebenserwartung, den Gesundheitszustand, den Grad an Fettleibigkeit, die mentale Gesundheit in der Bevölkerung, die Leistungen im Bildungssystem, den Grad der Gewalt, den Anteil von Straftätern in Gefängnissen, die Zahl der ungewollten Teenager-Schwangerschaften und vieles mehr. Sie haben dann untersucht, womit diese Faktoren am engsten zusammenhängen. Die erste Vermutung war, dass höherer materieller Wohlstand einen positiven Einfluss habe. Interessanterweise war dies aber nicht der Fall. Der stärkste Zusammenhang bestand vielmehr mit dem Grad an Ungleichheit in einer Gesellschaft: Je ungleicher die Einkommen und Vermögen in einem Land verteilt waren, desto schlechter waren der Gesundheitszustand, die Sicherheit und die Bildungschancen in dem Land. Eine auf Gerechtigkeit und eine angemessene Verteilung zielende Politik ist daher eine wichtige Rahmenvoraussetzung für ein gutes Leben.

Hierzu gibt es ein interessantes wissenschaftliches Experiment: Auf die Frage, in welcher der beiden folgenden Gesellschaften man leben möchte – in einer Gesellschaft, in der man selber 50.000 Euro im Jahr zur Verfügung hat, während der Durchschnitt über 25.000 Euro verfügt, oder in einer Gesellschaft, in der man selber 100.000 Euro zur Verfügung hat, der Durchschnitt jedoch 200.000 Euro – entscheidet sich die überwiegende Mehrheit der Befragten für die erste Option. Die Frage, in welchem Verhältnis das eigene Einkommen zu dem des Rests der

Gesellschaft steht, ist für die Zufriedenheit ab einer bestimmten Einkommenshöhe viel wichtiger als das absolute Einkommen.

Diese Erkenntnisse drehen die bisherige Logik von Verteilungspolitik um. Lange glaubte die Politik, mehr Einkommensgerechtigkeit nur mit mehr Wachstum realisieren zu können – denn dann sei ja mehr zum Verteilen da. Eingetreten ist eher das Gegenteil. Mehr Wachstum führte zu mehr Ungleichheit und damit auch zu mehr Unzufriedenheit. Für ein gutes Leben ist es deswegen wichtig, auf Gerechtigkeitspolitik statt auf Wachstumspolitik zu setzen.

Auch hierfür bietet die Steuerpolitik einen wichtigen Ansatzpunkt. Gerhard Scherhorn verdeutlicht, dass die Verteilungsungleichheit heute insbesondere dadurch verstärkt wird, dass die Marktwirtschaft durch die kapitalistische Tendenz zur Schaffung von neuen Monopolsituationen unterwandert wird. Abhilfe leiste erstens die Abschöpfung der Monopol-Renten und deren Umwandlung in ein ressourcenbasiertes Grundeinkommen sowie die Beseitigung der Externalisierungsgewinne. So könnte die Abschöpfung von Bodenrenten etwa das Landgrabbing, den großflächigen Landkauf in Entwicklungsländern durch internationale Akteure, beenden. In den internationalen Klimaverhandlungen wird eine CO_2-Steuer – ökonomisch die Beseitigung eines Externalisierungsgewinns –

inzwischen auch von den Finanzministern als eine mögliche Finanzquelle entdeckt, die eine Antwort auf Kapitalflucht und Steuervermeidung bietet. Zweitens schlägt Scherhorn den Ersatz der Einkommens- und Lohnsteuer durch eine progressive Konsumsteuer als eine suffizienzfördernde und auf eine gerechte Verteilung hinwirkende Form der Steuerpolitik vor.

Kapitel II

Orientieren – Das rechte Maß für Zeit und Raum, Besitz und Markt

Eine Steigerungslogik prägt unsere Gesellschaft. Das »immer weiter, immer schneller, immer mehr« kennt nur eine Richtung, vom Wachstum des Bruttoinlandsprodukts bis zum Wachstum der Wohnfläche. Fatal ist diese Steigerung, wenn damit der Verbrauch an Energie, Ressourcen und Fläche über das ökologisch Verträgliche und das dem Menschen Zuträgliche hinausgeht. Theoretisch haben wir erkannt, dass wir in den Industriestaaten ein Verringerungsprogramm brauchen (80 bis 90 Prozent weniger Beanspruchung der Ressourcen), aber gleichzeitig wollen wir am Steigerungsprogramm festhalten. Wir erfinden für diesen Spagat neue versöhnliche Etiketten vom »grünen« bis zum »inklusiven« Wachstum.

In diesem Buch plädieren wir dafür, der Steigerungslogik etwas entgegenzusetzen: das rechte Maß für Zeit und Raum, für Besitz und Markt. Das heißt nicht immer, aber oft ein Weniger, aber auch ein Anders, Besser und Schöner (nach dem Motto der Toblacher Gespräche für einen neuen Lebensstil). Als Orientierung bei der Suche nach dem rechten Maß und nach Suffizienzstrategien können uns die »vier E« von Wolfgang Sachs dienen. Mit ihnen hat Wolfgang Sachs früh eine andere Richtung für gutes Leben in insgesamt vier Dimensionen definiert:

- in der Zeit: die »*Entschleunigung*« im Sinne eines Langsamer und Zuverlässiger,
- im Raum: die »*Entflechtung*« im Sinne eines Näher und Übersichtlicher,
- bezogen auf die Dinge: die »*Entrümpelung*« im Sinne eines Vereinfacht und Weniger,
- bezogen auf die Wirtschaft: die »*Entkommerzialisierung*« im Sinne von dem Markt entzogen und selbstgemacht.

Die »vier E« sind gute Anhaltspunkte für die Reflektion und Veränderung des eigenen Lebensstils. Im Folgenden wird deutlich, dass sie auch Leitlinien und Richtungen für politische Suffizienzstrategien in den verschiedenen Dimensionen sein können.

Dabei ist eine derartig orientierte Politik, die sich die »vier E« zum Kompass macht, Symbolpolitik in einem guten Sinne. Sie macht deutlich, dass es auch eine andere Ausrichtung guten Lebens jenseits einer linearen Steigerungslogik gibt und dass Politik die Umsetzung solcher Formen guten Lebens unterstützen kann. Diese Politik kann helfen, dass sich eine Kultur, die andere Maße für Zeit und Raum entwickelt und die einen Lebensstil mit weniger Dingen und weniger Marktprodukten bevorzugt, gleichberechtigt verbreiten kann und durch politische Rahmensetzung erleichtert wird.

Dabei ist es interessant, dass schon der frühere Bundeskanzler und »Miterfinder« der sozialen Marktwirtschaft, Ludwig Erhardt, in seinem Buch »Wohlstand für alle« im Jahr 1957 schrieb: »Wir werden sogar mit Sicherheit dahin gelangen, dass zu Recht die Frage gestellt wird, ob es noch immer nützlich und richtig ist, mehr Güter, mehr materiellen Wohlstand zu erzeugen, oder ob es nicht sinnvoller ist, unter Verzichtleistung auf diesen »Fortschritt« mehr Freizeit, mehr Besinnung, mehr Muße und mehr Erholung zu gewinnen.« Und weiter: »... dann werden wir in ferneren Tagen auch zu einer Korrektur der Wirtschaftspolitik kommen müssen. Niemand dürfte dann so dogmatisch sein, allein in der fortdauernden Expansion noch länger das Heil erblicken zu wollen.« Erhardts Nachdenklichkeit drang in den 1950er- und 1960er-Jahren noch nicht durch. Heute haben seine damaligen Überlegungen eine hohe Aktualität.

Die folgenden Abschnitte zeigen, dass orientierende Politik in die anderen Zugänge zur Politik eines guten Lebens hineinreicht. Sie hilft uns, Rahmenbedingungen aus einer anderen Perspektive zu sehen. »Entschleunigung«

macht sich dann zum Beispiel an einer Regelgeschwindigkeit von 30 Kilometer pro Stunde in Städten genauso fest wie an Fünfjahresgarantien für Gebrauchsgüter.

Auch für die unterstützenden Politiken, die uns ein gutes Leben ermöglichen, sind die »vier E« wichtige Leitlinien. So ist der Umgang mit Rhythmus, mit Maßhalten und Expansion, die Entwicklung eines Gefühls für die einen unmittelbar umgebende Umwelt eine wichtige Bildungsaufgabe.

Die »vier E« weisen untereinander Überschneidungen auf: So bedeutet eine Entschleunigung in der Produktion neuer Modelle gleichzeitig eine Maßnahme, die ein Ansammeln alter, nicht mehr brauchbarer Produkte verhindert, und damit eine Entrümpelung. Die Produktion wieder reparierbarer Produkte ist ein Beitrag zur Regionalisierung, da dort die Reparaturen vorgenommen werden können. Die Eigenversorgung ist gleichermaßen ein Beitrag zur Entkommerzialisierung wie auch zur Entflechtung wie auch zur Entrümpelung, da selbsthergestellte Dinge länger genutzt werden. In ihrem Zusammenspiel schafft eine Politik der »vier E« dann eine Kultur guten Lebens.

Entschleunigung – Politik für den angepassten Rhythmus

»Was macht für Sie ein gutes Leben aus?« »Mehr Zeit« ist sehr häufig die erste Antwort. Wir leben längst nicht mehr in einer Epoche des materiellen Mangels sondern vielmehr in einer des Zeitmangels. Das Wirtschaftsleben ist auf Geschwindigkeit ausgerichtet: schneller als der Wettbewerber mit einer Innovation auf dem Markt sein, als erster mit einer Nachricht um die Gunst des Zeitungslesers werben, einen Wissensvorsprung an den Aktienmärkten nutzen und bloß keine wichtige Mail im Posteingang verpassen. All dies ist uns aus dem täglichen Arbeitsleben geläufig – und immer mehr Menschen setzen diesen Stress im Privatleben nahtlos fort.

Eine Politik, die gutes Leben einfacher machen will, muss Rahmenbedingungen dafür schaffen, dass ein Leben der unterschiedlichen Rhythmen wieder einfacher wird. Eine solche Zeitpolitik ist Querschnittspolitik. Sie erstreckt sich auf alle Lebensbereiche und unterschiedliche politische Ebenen. Drei Felder einer Zeitpolitik sollen im Folgenden näher beleuchtet werden:

- die Unterstützung von Entschleunigung im Alltag,
- die Förderung von Langlebigkeit,
- eine neue Arbeits- und Lebenszeitpolitik.

Entschleunigung im Alltag. Beschleunigung erleben wir in unseren alltäglichen Lebensbereichen – bei der Fortbewegung, bei der Ernährung, selbst im Urlaub. Das ist der Grund dafür, warum Bewegungen wie »Slow Food« oder auch »Slow Travel« sich in den letzten Jahren solcher Unterstützung erfreuen. Zeitpolitik kann Entschleunigung unterstützen. Gerade im Verkehrsbereich bestehen hier vielfältige Möglichkeiten: Tempo 100, Tempo 30 in Innenstädten, oder auf Fahrradfahrer, Fußgänger und öffentlichen Nahverkehr getaktete Verkehrsführung schaffen neue Rhythmen für den Verkehr.

Langlebigkeitspolitik. Beschleunigung macht sich auch an der Qualität unserer Produkte fest: Schlechte Verarbeitung, programmierter Verschleiß, nach wenigen Monaten überholte Produktgenerationen gehören heute zum Alltag. Dauerhaftigkeit zu erfahren ist aber ein zentrales Element von Zeitbewusstsein. Politik kann dies unterstützen: Die Verlängerung von Garantiezeiten, die Verschärfung von Produkthaftungsregeln oder die Verpflichtung zur Wartbarkeit von Produkten sind hierbei bedeutende Hebel. Secondhand-Märkte lassen sich fördern durch steuerliche Erleichterungen beim Handel mit Gebrauchtgütern oder durch kommunale Baustoff-Börsen. Hier gehen Entrümpelungs- und Entschleunigungspolitik Hand in Hand.

Arbeits- und Lebenszeitpolitik. Zeitwohlstand bedarf insbesondere individueller Zeit, um sich Dingen jenseits beruflicher Verwertungszwänge widmen zu können. Heute ist es für Menschen schwierig, sich den beruflichen Zeitzwängen zu entziehen. Eine Zeitpolitik zielt darauf, zeitautonomes Leben einfacher zu machen. Hier sind Unternehmen und Gewerkschaften gefordert. Möglichkeiten zur Teilzeitarbeit, Lebensarbeitszeitkonten und Sabbaticals sind Wege zu einem neuen Zeitwohlstand. Politik kann dies durch eine Förderung der Arbeitnehmerrechte stärken.

Entflechtung – ein Leben mit regionalem Bezug

Die globale Arbeitsteilung ist ein wesentlicher Treiber der Steigerungs- und Wachstumslogik moderner Gesellschaften. Erst dadurch wurde es möglich, dass wir heute so viele Produkte zu so niedrigen Preisen produzieren können. Weltweite Märkte und Arbeitsteilung ermöglichen große Produktionsmengen und damit sogenannte »Economies of Scale«, das heißt Einspareffekte durch Massenproduktion. Die Globalisierung eröffnet die Chance, dort zu produzieren, wo Arbeitskraft, Ressourcen und Energie am günstigsten sind. Auf der einen Seite ist diese Arbeitsteilung ein Segen, weil ohne sie heute nicht so viele Menschen in einem nie gekannten materiellen Wohlstand leben würden. Auf der anderen Seite ist sie ein Fluch, weil sie ständig Anreize zur Schaffung schlechter Arbeitsbedingungen in anderen Teilen der Welt setzt und zur Ausbeutung ökologischer Ressourcen antreibt. Zusätzlich anonymisiert sie unser Verhältnis zu den Dingen: Wir sind zunehmend umgeben von global produzierten, weltweit austauschbaren Gütern. Eine Fußgängerzone in Düsseldorf ist heute kaum von einer in Boston, Peking oder Melbourne zu unterscheiden. Damit geht regionale und kulturelle Identität verloren.

Je umfassender unsere materiellen Bedürfnisse befriedigt sind, desto mehr bietet es sich an, darüber nachzudenken, ob es nicht eines neuen Gleichgewichts von globaler und regionaler Wertschöpfung bedarf. Regionale Wertschöpfung kann durchaus teurer als globale Wertschöpfung sein. Sie schafft aber andere Werte, die für unser Wohlstandsempfinden heute oft von viel zentralerer Bedeutung sind. Niko Paech hebt einige der besonderen Vorteile regionaler Wertschöpfung hervor:

- die *Transparenz,* zu wissen, wo meine Produkte herkommen und was ihn ihnen steckt,
- *Empathie und soziale Einbettung*, also Produzenten, die mit ihrer Region, in der sie ihre Produkte absetzen, verbunden sind und sich in ihr engagieren,
- eine *Interessenskongruenz von Kapitalgeber und -verwender*, wenn auch die Finanzierung von regionalen Unternehmen aus der Region kommt. Wenn für uns ersichtlich ist, wie und wo unser Kapital

arbeitet, hält das automatisch übermäßiges Profitstreben in Grenzen,

- die *Reduktion von Kapitalintensität* und die *Erhöhung von Arbeitsintensität*, wenn durch den Wegfall von »Economies of Scale« plötzlich andere, mittlere Technologien wieder ökonomisch sinnvoll werden.

Der Trend zur Regionalisierung verstärkt sich insbesondere bei Lebensmitteln, aber auch bei der (regenerativen) Energieproduktion. Wenn diejenigen, die Windkraftanlagen direkt vor der Tür haben, auch davon profitieren, erhöht das die Bereitschaft für den Energieumbau erheblich. Deswegen sind Bürger-Windparks und Bürger-Solaranlagen so wichtig.

Regionalisierung schafft Identität, eine neue Nähe von Produktion und Verbrauch. Sie ist daher eine wichtige Suffizienzstrategie zur Begrenzung der ökologischen Nebenfolgen unseres Handelns. Eine ganze Reihe politischer Maßnahmen können eine stärkere Re-Regionalisierung unterstützen.

Preise, die die ökologische Wahrheit sagen. Ein wichtiger Grund dafür, dass globale Arbeitsteilung ein solches Ausmaß erreichen konnte, sind die niedrigen Energiepreise. Dass es sich heute lohnt, Krabben zum Pulen nach Marokko zu fliegen, frische Blumen aus Tansania einzufliegen und (im Winter) Weintrauben aus Chile zu essen, hängt damit zusammen, dass Öl und andere Energieträger trotz gestiegener Preise immer noch weit weniger kosten, als es den ökologischen Folgen, die ihr Verbrauch verursacht, entspricht. Und es fällt vielen Verbrauchern schwer, angesichts verlockender Angebote im Discounter nicht zuzugreifen. Daher bedarf es eines weltweiten Systems, das fossile Energieträger durch Steuern und Emissionsrechtehandel verteuert – insbesondere im Transportbereich. Diese Maßnahmen würden helfen, globale Arbeitsteilung auf die Bereiche zu konzentrieren, wo ein Mehrwert auch ohne ökologische Ausbeutung möglich ist. In allen anderen Bereichen würde es die stärkere Regionalisierung von Produktion fördern. Auch strengere Sozialstandards und deren verschärfte Überwachung in den Entwicklungsländern würden nicht nur die soziale Lage dort verbessern, sondern auch zur Regionalisierung beitragen.

Angemessene Energiepreise würden auch unser Urlaubsverhalten verändern. Wenn die Preise für Fernreisen ihre ökologischen Kosten widerspiegelten, würde ein Urlaub vor Ort und die Erholung im unmittelbaren Lebensumfeld wieder eine andere Rolle spielen. Gleichzeitig eröffnen uns die Möglichkeiten der neuen Medien ganz neue Formen der realen und virtuellen Teilhabe am Geschehen in dieser Welt. Weltbürger zu sein ist heute viel weniger als in der Vergangenheit an physisches Reisen gebunden. Vielmehr zeichnen sich neue Lebensstile regionaler Verankerung bei gleichzeitig globalem Bewusstsein ab. Die »Transition-Town-Bewegung« ist hierfür das eindrucksvollste Beispiel: Es ist eine globale, eng miteinander vernetzte Bewegung von inzwischen mehreren Tausend Transition-Towns weltweit, die sich alle über ihre regionale Verankerung und Versorgung definieren.

Regionalgeld. Die globale Besteuerung fossiler Energieträger im Transport ist Suffizienzpolitik, die internationale Koordination erfordert. In eine ganz andere Richtung weist die Einführung von Regionalgeld, das ebenfalls die lokale Wirtschaft stärkt. Es ist nur in einer spezifischen Region gültig. Mit ihm können Produkte und Dienstleistungen aus der Region bezahlt werden. Damit werden nicht nur lokale Produktion und Konsum gefördert, sondern auch jeder Form von Spekulation und komplizierten Finanzprodukten die Grundlage genommen. Geld wird wieder zum Tauschmittel, zum Ermöglicher einer Güterwirtschaft im regionalen Umfeld.

Regionalgeld wurde inzwischen in vielen Regionen weltweit eingeführt. Politisch lässt sich Regionalgeld in vielfacher Weise fördern, etwa durch geringere administrative Hindernisse bei der Einführung im Hinblick auf die damit wahrgenommenen Bankenfunktionen.

Regionalisierung und Suffizienz gehen bei vielen Ansätzen der »Share Economy« zusammen. Denn der Tausch und das Ausleihen von Gütern lebt vom Vertrauen – und das entsteht am leichtesten im regionalen Umfeld.

Globalisierung und Regionalisierung wieder in ein richtiges Gleichgewicht zu bringen, ist ein wichtiger Ansatzpunkt für gutes Leben.

Entrümpelung unterstützen – zur Politik des Weniger

Entrümpelung heißt »Gerümpel« loswerden. Gerümpel bezeichnet im Duden die Gesamtheit alter, unbrauchbarer und wertlos gewordener Gegenstände. Für Gerümpel haben wir in der Sprache zahlreiche, oft mit einer abfälligen Form versehene Worte – Trödel, Zeug, Unrat und Ähnliches. Es gibt aber auch liebenswürdige Konnotationen wie Krimskrams.

Gerümpel scheint allerorten zu sein, bevorzugt auf dem Dachboden, im Keller und in der Garage, aber auch in Bücherregalen, Kleiderschränken, Küchen und Werkstätten. Für das Entrümpeln gibt es im Großeinsatz zum Beispiel bei Haushaltsauflösungen professionelle Unternehmen, für den oder die Einzelne gibt es jede Menge Ratgeber (zum Beispiel »Entrümpeln mit dem inneren Schweinehund«, »Simplify your Life – Wegweiser zu einem einfacheren und glücklicheren Leben«, »Feng-Shui gegen das

Gerümpel des Alltags«). Es gibt Wegwerftrainings und professionelle individuelle Beratung von Ordnungsspezialistinnen. Fernsehshows, die Sammler von Gerümpel von ihrem erdrückenden Müll befreien, haben Konjunktur.

Der Wunsch nach Befreiung von Ballast scheint aktuell und groß zu sein. Wie man ihn individuell los wird, ist hier nicht das Thema – sondern die Frage, ob Suffizienzpolitik etwas gegen das Entstehen von Gerümpel machen kann.

Wichtigster Ansatzpunkt von »Entrümpelungs«-Politiken ist es, Gerümpel erst gar nicht entstehen zu lassen. Hier setzen Suffizienzstrategien an.

Den Verbraucher orientieren. Alles, was die Verbraucherin und den Verbraucher darüber informiert, ob sie oder er gerade einen langlebigen Gebrauchsgegenstand oder baldigen Müll kauft, ist hilfreich. Unterstützende Maßnahmen reichen hier von Siegeln, die Aussagen zur Haltbarkeit und Reparierbarkeit von Produkten machen, über die Einführung von Pfandsystemen, damit wertvolle Rohstoffe – etwa in Form von ausrangierten Handys – nicht in Haushalten gelagert werden, und eine Verbraucherberatung, die neben der Hilfestellung beim Neukauf auch die Alternativen Nichtkauf, Kauf von gebrauchten Produkten sowie die Mitnutzung von Produkten einbezieht, bis hin zu einer öffentlichen Beschaffung, die Qualitätsprodukte bevorzugt und damit langlebigen Konsum vorlebt.

Lebensumgebungen ohne permanenten Konsumdruck befördern. Viele Einkäufe des Gerümpels, das uns täglich umgibt, entstehen aus der Situation und spontanen Impulsen heraus. Schon kurz nach dem Kauf oder einmaliger Benutzung bereuen wir viele unserer Anschaffungen – und das nutzlose Dasein im Kleiderschrank oder in der Abstellkammer ist vorprogrammiert. Hier kann es helfen, unsere direkte Lebensumgebung so zu gestalten, dass von ihr nicht das ständige Signal »Kauf etwas« ausgeht. Dazu gehört die Eingrenzung von Werbung im öffentlichen Raum und im Fernsehen oder eine Stadtplanung, die »Konsumtempel« nicht zum Mittelpunkt unserer Innenstädte macht oder gar zu den einzigen Stellen, die zum Verweilen im Ort einladen.

Maßnahmen gegen die geplante Obsoleszenz. In den letzten Jahren hat ein Fremdwort Karriere gemacht, das Verbraucher zu Recht aufschrecken lässt: »geplante Obsoleszenz«. Damit werden Sollbruchstellen in Produkten beschrieben, die sie nach Ablauf einer bestimmten Zeit unbrauchbar (»obsolet«), unattraktiv und nicht mehr reparabel werden lassen. Es zeigte sich, dass eine Reihe Hersteller ganz gezielt solche Obsoleszenz in Kauf nehmen oder gar einbauen, um damit den frühen Kauf von Neuprodukten anzuregen: von Glühbirnen mit zu schwachen Leuchtdrähten bin hin zu Küchengeräten, in denen nichtreparable Plastikkomponenten nach einem bestimmten Zeitraum verschleißen. Zur Vermeidung dieser Form von »Gerümpel«-Produktion ist eine Reihe von Maßnahmen möglich: Informationsangebote, die Verlängerung von Garantiezeiten für Gebrauchsgüter bis hin zu Strafen für nachweisbare schwere Fälle einer solchen bewussten Verbrauchertäuschung – möglicherweise unterstützt durch Verbandsklagerechte der Verbraucherorganisationen.

Reparaturkultur stärken. Ein Umfeld, in dem wieder mehr repariert wird, ist ein wichtiger Ansatzpunkt für langlebige Produktnutzung und weniger Gerümpel. Dies lässt sich durch eine Reihe von Maßnahmen unterstützen. Ganz wichtig ist dabei eine ökologische Steuerreform, die Umweltverbrauch teurer und Arbeit – durch eine Verringerung der Lohnnebenkosten – günstiger macht. Denn dann lohnt arbeitsintensives Reparieren wieder mehr als die material- und energieintensive Neuproduktion.

Zudem lassen sich Einrichtungen, Initiativen und Unternehmen unterstützen, die Dinge reparieren, Kenntnisse, Werkzeuge oder Ersatzteile zum Reparieren vermitteln und Gebrauchtes und Wiederhergestelltes weiterverschenken oder günstig verkaufen. Hilfreich ist es, wenn die Kommune der Initiative beispielsweise einen Raum zur Einrichtung eines Repair-Cafés günstig zur Verfügung stellt.

Gebrauchsrecycling privilegieren. Das Recycling oder die Wiederverwendung von Gegenständen für den weiteren Gebrauch ist viel nachhaltiger als das Recycling für die stoffliche Verwertung. Die folgenden Ansatzpunkte sind denkbar:

- steuerliche Regelungen, die die Wiederverwendbarkeit gebrauchter Teile begünstigen,
- eine Bildung, die handwerkliche Fähigkeiten aufwertet und vermittelt,
- Kommunen, die Orte schaffen, in denen handwerkliche Fähigkeiten praktiziert und weiterentwickelt werden können (z. B. Häuser der Eigenarbeit),
- die Organisation von Sperrmüll in einer solchen Weise, dass eine Weiterverwendung durch private oder durch Wiederverkäufer möglich wird. In Bremen hat die von der Stadt eingerichtete Bauteilbörse genau eine solche Funktion. Ihr Ziel ist es, möglichst viele gebrauchte Bauteile, die bei Abbruch oder Umbau anfallen, weiterzuvermitteln. Die Börse wendet sich dabei an Privatleute, Handwerksbetriebe, Abrissunternehmen, Baugesellschaften, Planungsbüros und Behörden.

Gerümpel ist nicht nur ein individuelles Problem, das uns Geld und Zeit kostet. In Gerümpel stecken viel Energie und Ressourcen, die zur Herstellung verwendet wurden, und es bedarf viel Energie, Gerümpel zu recyceln oder zu entsorgen. Eine Politik, die die Entstehung von Gerümpel vermeidet, ist daher ein Beitrag zum Umweltschutz.

Entkommerzialisierung – Wohlstand jenseits des Marktes

Kommerzialisierung bedeutet die Ausbreitung des Marktes und einer ökonomischen Handlungslogik in weitere gesellschaftliche Bereiche. Bei der Entkommerzialisierung geht es darum, diese Ausbreitung zu begrenzen und zugunsten nichtmarktlicher Güter, Dienstleistungen, Infrastrukturen und Aktivitäten zurückzudrängen. Denn ökonomische Handlungslogik mit ihrem Kosten-Nutzen-Kalkül und Effizienzdenken hat sich weit in unsere Privatsphäre ausgedehnt und spontanes, absichtsloses, kreatives, altruistisches Verhalten erschwert. Ökonomen haben in Experimenten gezeigt, wie der Markt unsere Moral in vielen Lebensbereichen verdrängt.

Es geht dabei nicht darum, auf die produktive Koordinationskraft von Märkten vollständig zu verzichten, sondern sie so in unsere Lebenswelt einzubetten, dass marktliche Logik nicht alle unsere Lebensbereiche durchzieht. Suffizienzpolitik soll die Entscheidungsfähigkeit von Menschen stärken, ihre Bedürfnisse mit mehr oder doch mit weniger Marktgütern zu erfüllen, stärker an Gemeingütern (Commons) teilhaben zu können und Güter und Dienstleistungen selbst oder gemeinsam mit anderen zu erstellen.

Bildungspolitik. Die Ökonomisierung von Denkstrukturen und Handlungsweisen ist eng mit dem ökonomischen Menschenbild, dem »Homo oeconomicus« verbunden, einer Denkfigur, die das Individuum auf die Maximierung seines (vor allem materiellen) Nutzens ausrichtet. Die Ausbreitung dieses Menschenbildes ist in der westlichen Welt mit der schwindenden Prägekraft religiöser Institutionen verbunden. Die empirische Ökonomie, die Psychologie, die Neurologie und die Glücksforschung als neue, interdisziplinäre Forschungsfelder zeigen dagegen ein sehr viel differenzierteres Bild des Menschen: ein soziales Wesen mit immateriellen Bedürfnissen und starkem Naturbezug.

Die Bildungspolitik sollte auf diesen Erkenntnissen selbstbewusst aufbauen und eine größere individuelle Unabhängigkeit von den alles durchdringenden Kosten-Nutzen-Abwägungen ermöglichen. Wenn zweckfreies Handeln von Kindern und Jugendlichen als beglückend und befreiend erlebt werden kann, dann wird ein Gegengewicht zur Zweckrationalität aufgebaut.

Commons, das heißt gemeinsam geteilte, öffentlich zugängliche Räume und Einrichtungen spielen für eine Entkommerzialisierungsstrategie eine ganz wichtige Rolle. Dazu gehören beispielsweise Parks, Spielplätze, Büchereien, Schwimmbäder, Zoos, Museen oder Theater. Dies sind öffentliche Orte, die in der Regel von der öffentlichen Hand finanziert sind. Ihre Erhaltung und Pflege sind ein wichtiger Ansatz zur Entkommerzialisierung. Sie schaffen den Zugang zu Lebensqualität unabhängig von Kaufkraft. Dort, wo Bürgervereinigungen oder gemeinnützige Organisationen den Betrieb solcher Commons übernehmen, gilt es, entsprechendes bürgerschaftliches Engagement administrativ zu unterstützen. Neben den reinen Commons sollte die Politik auch die »Share Economy« unterstützen, die Ökonomie des Teilens und Tauschens von unterschiedlichsten Produkten und von Wissen. Oft werden hier gemeinnützige Ziele mit innovativen Geschäftsmodellen und Kommunikationstechnologien verknüpft.

In jüngster Zeit entstehen eine Reihe neuer Einrichtungen für Gemeinschaftsnutzungen – wie etwa Räume der Eigenarbeit, allgemein zugängliche Bücherschränke, gemeinschaftlich genutzte Werkstätten sowie Orte zum Ausleihen von Werkzeugen, Flächen für Gemeinschaftsgärten (»Urban Gardening« und interkulturelle Gärten). Die Träger dieser Einrichtungen sind sehr unterschiedlich – mal kommunal, mal privat, mal genossenschaftlich, mal von Stiftungen getragen. Sie schaffen neue Formen von öffentlichen Infrastrukturen, in denen lebendig wird, wie viel produktive Wertschöpfung auch jenseits von marktlicher Koordination möglich ist. Auch hier ist es wichtig, diese Aktivitäten aktiv zu stützen: durch die Zur-Verfügung-Stellung von Räumen und Flächen und durch den Abbau administrativer Hindernisse.

Eigenversorgung ist ein weiterer wichtiger Ansatz der Entkommerzialisierung. Mehr Zeit schafft Raum für ein Selbermachen, aber auch für das Engagement in Gemeinschaftsinitiativen. Neben Zeit braucht es für die Eigenversorgung Fähigkeiten des Selbermachens. In unseren hoch arbeitsteiligen Wirtschafts- und Lebensweisen sind uns viele dieser Fähigkeiten verloren gegangen – vom Gemüseanbau im Garten über das Kochen bis zum Reparieren oder Handarbeiten. Deswegen sind Orte der Bildung und Weiterbildung wichtig, an denen die Fähigkeiten zum Selbermachen, Reparieren, Selbstorganisieren erlernt, praktiziert und weiterentwickelt werden können.

Andere Maßnahmen der »Entkommerzialisierung« gehen mit Ansätzen einher, die wir schon bei der »Entrümpelung« beschrieben haben: weniger Werbung im öffentlichen Raum, konsumfreie Räume und attraktive Aufenthaltsmöglichkeiten in unseren Innenstädten und Fußgängerzonen.

Kapitel III
Gestalten – Mobilität, Wohnen, Ernährung: Politik für gutes Leben in konkreten Lebensbereichen

Gutes Leben wird besonders dort spürbar, wo es um die ganz grundlegenden Bedürfnisse geht: Wohnen, Essen, Fortbewegung. Die Wohnung, das Auto oder Fahrrad, der Restaurantbesuch beim Italiener um die Ecke: Überall geht es um individuelle Entscheidungen, bei denen sich verständlicherweise niemand gern etwas vorschreiben lassen möchte.

Doch hängt es von vielen Randbedingungen ab, wie wir unsere Grundbedürfnisse befriedigen können: Die Existenz von guten Radwegen und die Qualität des öffentlichen Nahverkehrs bestimmen, welche Alternativen zum Auto für die Fortbewegung zur Verfügung stehen. Raumplanung, Stadt- und Wohnungsbaupolitik entscheiden darüber, wie attraktiv das Leben in den Städten ist – oder ob es sich nur im Grünen angenehm wohnen lässt. Agrarpolitik und Verbraucherschutzbestimmungen beeinflussen, welche Lebensmittel in welcher Qualität und zu welchen Preisen auf unseren Küchentisch gelangen.

Politik spielt daher in allen diesen Feldern immer schon eine wichtige Rolle. Darum haben wir Verkehrs- und Bauministerien und Ministerien für Verbraucherschutz und Ernährung – auf Bundes- und Landesebene. Und auch Kommunalpolitik hat großen Einfluss auf die Befriedigung unserer Grundbedürfnisse.

Für eine Politik des guten Lebens ist das eine große Chance. Denn hier muss keine neue Politik erfunden werden, es müssen nur die Ausrichtung und die Schwerpunkte in bestehenden politischen Programmen weiterentwickelt werden. Es gilt Leitbilder zu schaffen und in politische Instrumente zu übersetzen. Und so, wie uns das Leitbild der autogerechten Stadt in den 1960er- und 70er-Jahren Hochautobahnen in den Innenstädten bescherte, wird das Leitbild der kurzen und ökologischen Wege unseren Städten künftig ein neues Gesicht geben können.

Dieses Kapitel geht auf die Politikfelder Wohnen, Mobilität und Ernährung ein. Es zeigt, wie sich in diesen Bereichen die Bedingungen für ein gutes Leben mit konkreten politischen Maßnahmen gestalten lassen.

Wohnen

Städte sind schon heute für zwei Drittel des weltweiten Verbrauchs von Energie und Wasser und des Ausstoßes von Treibhausgasen verantwortlich. Bis 2050 wird sich der Teil der Weltbevölkerung, der in Städten lebt, auf über fünf Milliarden verdoppeln. Die soziale und ökologische Bewältigung des Städtewachstums gilt deshalb als eine der großen Aufgaben des 21. Jahrhunderts. Auch wenn die meisten Städte in Deutschland nicht mehr wachsen, stehen sie vor zahlreichen Problemen: Zersiedelung und Flächenverbrauch, Klimawandel, die Alterung der Gesellschaft, die soziale Spaltung, der Verlust öffentlicher Infrastruktur und die Verschuldung.

Aus Suffizienzperspektive ist Stadt- und Flächenpolitik ein kritisches Anliegen. Trotz rückgängiger Bevölkerungszahlen wird immer mehr landwirtschaftliche oder forstliche Fläche verbaut – mit Straßen und Parkplätzen, Wohnhäusern und Gewerbeanlagen. Dabei wird Boden versiegelt, Wasseraufnahmekapazität und Biodiversität gehen verloren. Mehr Bebauung schadet zudem dem Klima, global, aber auch lokal, wenn die versiegelte Fläche und die Gebäude aufheizen und die Durchlüftung beeinträchtigt wird. Außerdem ist die Bebauung mit einem hohen Verbrauch an Energie und Material verbunden, ganz zu schweigen vom fortlaufenden Energieaufwand für Erhaltung und Nutzung. Ein Viertel des ökologischen Fußabdrucks des deutschen Durchschnittsbürgers wird allein durch das Wohnen verursacht.

Deswegen soll unser Flächenverbrauch nach den Zielen der Bundesregierung in der »Nationalen Nachhaltigkeitsstrategie« bis zum Jahr 2020 auf 30 Hektar täglich verringert werden. Die Realität sieht anders aus: Immer noch verbrauchen wir 80 Hektar am Tag. Selbst in Baden-Württemberg, das sich 2006 das musterhafte Ziel des Null-Flächenverbrauchs gesetzt hat, wurden 2011 täglich sechs Hektar verbaut.

Ein Treiber des Flächenverbrauchs ist die Ausweitung der Wohnfläche pro Kopf: von 14 Quadratmetern im Jahr 1950 auf mittlerweile 43 Quadratmeter. Diese Ausweitung der Wohnfläche bedeutet allerdings nicht, dass entsprechend mehr Raum zum Wohnen zur Verfügung steht. Denn immer mehr Menschen leben allein oder zu zweit, so dass ein größerer Anteil der Fläche für Küche, Bad und Flur benötigt wird.

Ein weiterer Trend ist der Bau von Ein- und Zweifamilienhäusern, meist im Umland von Städten. Solche Häuser machten in den frühen 1990er-Jahren 40 Prozent der neuen Wohnfläche aus – zehn Jahre später waren es fast 70 Prozent. Jedes Jahr kommen rund 50.000 Einfamilienhäuser hinzu.

Die Zersiedelung zieht ökologische und finanzielle Probleme nach sich. Denn der Aufwand für Bau, Erhaltung und Betrieb der entsprechenden Infrastruktur – wie Straßen und Leitungen, ÖPNV und Müllabfuhr – ist wesentlich geringer, wenn Menschen dichter beisammen leben. Das Gleiche gilt für den Autoverkehr: Menschen fahren weniger Auto, wenn sie Läden und Schulen, Sport- und Kulturangebote bequem zu Fuß, mit dem Rad oder dem Bus erreichen können. Kompakte Siedlungsstrukturen helfen daher, Geld, Energie, Schadstoffemissionen und Klimagase einzusparen.

Hieraus folgt eine erste Herausforderung für suffiziente Stadtpolitik: Wir müssen unsere Städte neu gestalten, damit die Menschen mit weniger privater Fläche auch bei hoher Siedlungsdichte gut darin leben können!

Die zweite Herausforderung ist weiter gefasst. Menschen leben in gemeinschaftsorientierten Mehrgenerationenhäusern anders zusammen als in sterilen Mietskasernen, sie gehen auf einer grünen Spielstraße anders miteinander um als in einer zubetonierten Verkehrsschneise. Die Herausforderung lautet also: Wie kann Stadtgestaltung zu einer lebendigen Gemeinschaft beitragen, die suffiziente Lebensstile begünstigt?

Bei den folgenden suffizienzpolitischen Maßnahmen werden die Auswirkungen auf den Verkehr nur am Rande betrachtet, da der Mobilität ein eigenes Unterkapitel gewidmet ist (vgl. Seite 88). Auch Themen wie energie- und ressourcensparendes Bauen, soziale Kohärenz (statt der

Spaltung in reiche und arme Wohnviertel), Gewerbesiedlungen und ländlicher Raum können hier nicht aufgenommen werden.

Politischer Rahmen. Die Bundespolitik hat Einfluss auf den Flächenverbrauch über die Gesetzgebung, über die Förderung von Forschungsprojekten und die Unterstützung von Modellvorhaben. Mit dem 30-Hektar-Ziel in der »Nationalen Nachhaltigkeitsstrategie« von 2002 ist das Thema Flächenverbrauch in die öffentliche Diskussion und auf die politische Agenda gekommen. Getan hat sich insgesamt – trotz guter Ansätze in der Praxis in einigen Städten und Bundesländern – sehr wenig, wie der nahezu unverändert hohe Flächenverbrauch zeigt.

Denn es gibt mächtige Anreize zum Flächenverbrauch: der Druck der Bauwirtschaft, der Flächenbesitzer und der Unternehmen, die neue Gewerbegebiete einfordern. Auch die finanzielle Situation der Kommunen ist von den Einnahmen aus Einkommens- und Gewerbesteuer abhängig. Daher haben die Kommunen ein Interesse, dass möglichst viele Menschen und Betriebe in ihrer Gemeinde sind, und sie weisen großzügig Bauland für Wohnungen und Gewerbe aus – zumal es sonst die Nachbargemeinde tun würde. Diese Konkurrenzsituation muss durch verstärkte Kooperation zwischen den Gemeinden und eine Reform des Finanzausgleichs entschärft werden.

Auf bundespolitischer Ebene wurde zwar 2005 die Eigenheimzulage abgeschafft, die Pendlerpauschale, die die Zersiedelung fördert, besteht aber immer noch. Erforderlich ist es, die Grundsteuer, die Grunderwerbssteuer und das Baurecht mit dem Ziel des Flächensparens zu novellieren und bei allen Veränderungen von Gesetzen und Verordnungen zu prüfen, ob Möglichkeiten zur Verringerung des Flächenverbrauchs bestehen. Diskutiert werden auch handelbare Flächenzertifikate ähnlich wie beim Emissionshandelssystem, ein Wohnflächenmoratorium oder die stärkere Beteiligung von Investoren an den realen Kosten von Neubauten. Bislang müssen Investoren nur die Erschließungskosten mittragen, künftig sollten sie sich auch an den infrastrukturellen Folgekosten beteiligen, die durch neue Baumaßnahmen entstehen, so dass ein Anreiz geschaffen wurde, Projekte vermehrt innerstädtisch zu realisieren.

Stadtplanung. Pläne für Stadtentwicklung und Wohnen, Pläne für Gewerbe und Industrie, Pläne für Verkehr, Klima und Energie, Pläne zur Erhaltung der biologischen Vielfalt, Landschaftspläne und Bebauungspläne – es mangelt nicht an Instrumenten, die dafür eingesetzt werden könnten, um suffizientes Leben in der Stadt zu erleichtern. Das Problem ist, dass Flächensparen und die Erhaltung von Natur und Umwelt darin oft nur eine untergeordnete Rolle spielen:

Im Konfliktfall müssen selbst wertvolle Lebensräume für Tiere und Pflanzen, Biotopverbindungen und Erholungsräume den Bauinteressen weichen.

Notwendig wäre es, all diese Pläne zu einer ganzheitlichen Strategie für den schonenden Umgang mit der Fläche zu integrieren – und diese dann verbindlich durchzusetzen. Das erfordert insbesondere klar definierte Vorgaben, wie viel Fläche verbraucht, wie viel versiegelt werden darf und wo künftige Siedlungsgrenzen verlaufen sollen.

Um den Zersiedlungsdruck zu verringern, sollten Städte regelmäßig den Leerstand an Wohnungen und Gewerbegebäuden erheben. Bundesweit stehen fast zehn Prozent aller Wohnungen leer. Es lohnt sich also zu prüfen, ob tatsächlich ein Bedarf an Neubauten existiert. Zusätzliche Entlastung bringt es, nicht länger benötigte Gewerbebauten in Wohngebäude umzuwandeln. In Frankfurt und München sind zum Beispiel jeweils etwa zwei Millionen Quadratmeter ungenutzter Bürofläche verfügbar.

Die Unterstützung beim Umzug in kleinere Wohnungen ist ein weiterer Ansatz, um bestehende Gebäude besser zu nutzen. Der Anteil älterer Menschen nimmt zu – und immer mehr benötigen ihre bisherigen großen Familienwohnungen nicht länger. Die Städte sollten Menschen helfen, die in kleinere Wohnungen umziehen wollen. Dazu können sie zum Beispiel Wohnraumbörsen für den Wohnungstausch und Beratungsstellen einrichten, die älteren

Menschen beim Umzug organisatorisch unter die Arme greifen.

Auch öffentliche Gebäude und Flächen lassen sich effektiver nutzen, indem verschiedenen Gruppen zu verschiedenen Zeiten der Zugang gewährt wird. So bieten Schulen eine vielfältige Infrastruktur für Lernen, Werken und Bewegung, die nachmittags und abends anderweitig verwendet werden kann.

Insoweit Neubauten nötig sind, sollte geprüft werden, ob diese auf innerstädtischen Brachflächen entstehen können – falls die Brachflächen nicht einem gemeinschaftlichen Zweck dienen sollten, zum Beispiel als Gärten, Naturerfahrungsräume oder urbane Wildnis. Außerdem sollte eine verdichtete Bauweise vorgesehen und Ein- und Zweifamilienhäuser nur noch in vorhandenen Einzelhausgebieten als Nachverdichtung zugelassen werden.

Lebensqualität. Die Zersiedelung zu stoppen, heißt nicht, die Menschen in engen, lärmigen, hässlichen Städten zusammenzupferchen. Ganz im Gegenteil geht es darum, eine neue, nachhaltige Lebensqualität in den Städten zu schaffen. Nur wenn die Städte lebenswert sind, lassen sich die politischen Maßnahmen gegen Zersiedelung und Flächenverbrauch durchsetzen. Nur wenn der öffentliche Raum attraktiv ist, sind die Menschen bereit, auf die ständige Ausweitung privater Wohn- und Gartenfläche zu verzichten.

Außerdem kann Stadtgestaltung einen suffizienteren Lebensstil anregen. Städter dürfen am Wochenende nicht vor der Wahl stehen, aufs Land zu flüchten oder zu shoppen – sie müssen in der Stadt Gemeinschaft, Erholung und Natur finden können.

Öffentlicher Raum als »Shared space«. Straße darf nicht Autostraße bedeuten und Platz nicht Parkplatz; und ein abgeflachter Bürgersteig und ein Springbrunnen machen aus der »autogerechten Stadt« keinen »Shared space«, der vielseitig für Fortbewegung und Aufenthalt genutzt werden kann. Die Gleichung ist einfach: Weniger und langsamerer Autoverkehr schafft mehr Platz, Ruhe und Sicherheit für Fußgänger, Radfahrer und spielende Kinder.

Auf brachliegenden Arealen, die bislang zu Müllhalden verkommen, können Wochen- und Flohmärkte, Grünflächen und Gärten entstehen. Kommunen sollten dies fördern, indem sie ungenutzte Freiflächen und Industrieareale erfassen, Nutzungskonzepte mit Interessenten erarbeiten und Ressourcen für die Pflege zur Verfügung stellen. Diese Räume zur Wildnis werden zu lassen und Pflanzen und Tiere dort nicht weiter zu stören, ist ebenfalls eine Option.

Bestehende Grünflächen können oft attraktiver gestaltet werden: mit Spielplätzen und Planschbecken für Kinder, mit Bolzplätzen, Tischtennisplatten und Volleyballnetzen für Jugendliche und Erwachsene. Selbst einfache

Regelungen, die keine Kosten verursachen, können den Nutzungswert steigern, zum Beispiel indem Sport-, Grill- und Liegewiesen gesondert ausgewiesen und damit Konflikte vermieden werden.

Neben den grünen Netzen sollten Stadtplaner verstärkt auch an die blauen denken. Einige Städte haben in den letzten Jahren vorgemacht, wie sich das Wasser neu entdecken lässt: Flüsse, Kanäle und Bäche wurden renaturiert, Libellen, Frösche und Naturbeobachter fanden ein neues Zuhause, es entstanden Strandbäder mit Südseeflair, Flussboulevards mit schwimmenden Cafés und Freilichtkinos an Hafenkais.

Natur und Architektur statt Beton und Kommerz. Die Menschen brauchen nicht ins Grüne zu ziehen, sie können die Natur auch zurück in die Stadt holen. Mit mehr Grünflächen unterschiedlichen Charakters – vom gepflegten Garten bis zur urbanen Wildnis. Mit Blumenbeeten, Sträuchern und Bäumen anstelle von eintönigem Abstandsgrün zwischen Wegen und Gebäuden. Mit mehr Alleen, Fassadenbegrünung und Flachdachbepflanzung.

Das ist mehr als schön, denn Pflanzen spenden Schatten und senken durch ihren Stoffwechsel die Temperatur, sie filtern Feinstaub und andere Schadstoffe, sie absorbieren Lärmemissionen und erhöhen das menschliche Wohlbefinden, psychisch und physisch.

Auch die vom Menschen geschaffene Architektur kann lebensfreundlich sein. Doch bislang spielt die ästhetische Wirkung der Bebauung auf die Bevölkerung kaum eine Rolle – es geht um Funktionalität, Repräsentativität und Modernität. Dabei ließe sich auch ohne zusätzliche Kosten viel erreichen, mit mehr Achtsamkeit für das menschliche Maß, für lokale Architekturstile und Baumaterialien und für den jeweiligen Stadtteilcharakter.

All das hilft wenig, wenn Flyer, Plakate und Leuchtreklamen die Wände bedecken und die Werbung sogar die Fenster öffentlicher Verkehrsmittel verklebt. Dass es anders geht, zeigt ausgerechnet São Paulo, das die Außenwerbung untersagt hat. Das Protestgeschrei der Unternehmer hat sich gelegt, die Bürger kaufen weiterhin ein – und freuen sich, wie viel schöner ihre Stadt geworden ist.

Suffiziente Wohnstrukturen für mehr Gemeinschaft. Stellen wir uns vor, wie Bauen und Wohnen aussehen könnten: Die künftigen Bewohner beteiligen sich bereits an der Planung und je nach ihren Wünschen und Fähigkeiten auch am Bau. Die Grundrisse der Wohnungen werden variabel gestaltet, so dass die Aufteilung des Raums den sich ändernden Bedürfnissen angepasst werden kann. Gemeinsame Gästezimmer und Gemeinschaftsräume für Feste, Sport und Handwerken werden eingerichtet, Rampen und Fahrstühle machen das Mehrgenerationenhaus für

Ältere zugänglich, Sandkisten und Schaukeln erhöhen die Attraktivität für Familien mit Kindern. Mit etwas Glück (und Organisation) entsteht unter solchen Umständen ein Gemeinwesen, bei dem sich die Bewohner aushelfen: Berufstätige Eltern kochen abwechselnd mit Genuss, statt jeden Tag ein Fertiggericht zuzubereiten, die Kinder müssen nicht zum Nachhilfeunterricht gefahren werden, weil sich der pensionierte Lehrer von nebenan um sie kümmert, und viele Gegenstände des nicht ganz so täglichen Gebrauchs werden wechselseitig ausgeliehen.

Ob sich solche Wohnstrukturen und Lebensformen verwirklichen lassen, hängt auch von der Politik ab. Der Staat kann durch die Förderung von Modellvorhaben, durch Beratung und Anschubfinanzierung, bei der Vergabe von Baugenehmigungen und durch die kommunalen Wohnungsbaugesellschaften darauf Einfluss nehmen. Neben dem Mehrgenerationenhaus existieren viele andere, üblichere Formen des Zusammenlebens jenseits der Familie: Studenten-WGs, Single-WGs, Alten-WGs. Auch solchen Wohnformen sollten Städte als Alternative zu individualistischen Klein-Apartments den Vorzug geben.

Außerdem ist darauf zu achten, dass Menschen mit suffizientem Lebensstil bezahlbaren Wohnraum finden. Nicht jeder Altbau muss luxussaniert werden! Manche Menschen bevorzugen einen bescheidenen Ausstattungsstandard – und widmen ihre Zeit lieber dem guten Leben als dem guten Verdienen. Und wer beim Bau mitarbeiten möchte, sollte die Möglichkeit haben, auch auf diese Weise Geld zu sparen (und sich das Haus damit viel persönlicher anzueignen).

Soziale Infrastrukturen für offene Vielfalt. Damit die Stadt allen einen entspannten Lebensraum bietet und nicht nur den Konsumenten ein hektisch glitzerndes Konsumprogramm, muss die traditionelle öffentliche Infrastruktur erhalten und ausgebaut werden: Schwimmbäder, Büchereien, Volkshochschulen, Musikschulen.

Daneben sollten die Städte auch neue Initiativen bürgerschaftlichen Engagements unterstützen: Selbsthilfegruppen für die Familien von Demenz-Betroffenen, Begegnungsstätten mit Migranten, öffentliche Bücherschränke, Tauschbörsen und Secondhand-Kaufhäuser, Häuser der Eigenarbeit und gemeinsame Gärten – all die Aktivitäten des »Do it yourself« und des »Do it together«. Die Liste ist lang, viel wächst von alleine. Noch mehr könnte entstehen, wenn Städte durch geeignete Räume und Rahmenbedingungen – etwa in Versicherungsfragen – ein günstigeres Umfeld böten.

Partizipation – Bürger planen, Bürger handeln. Der Stuttgarter Bahnhof, der Berliner Flughafen und die Hamburger Elbphilharmonie zeigen medienwirksam, was engagierte

Bürger längst wissen und was wissenschaftliche Untersuchungen belegt haben: Ihre Beteiligung führt zu besseren, kostengünstigeren Entscheidungen, die mehr Rückhalt in der Bevölkerung genießen. Politik und Verwaltung dürfen die Zivilgesellschaft nicht als Störenfried behandeln, der aus formalen Gründen anzuhören ist, sondern sie müssen die Bürger als gleichberechtigte Diskussionspartner wahrnehmen, ihre Einwände und Vorschläge ernsthaft prüfen und ihre Kompetenzen für die Stadtentwicklung nutzen. Eine neue Beteiligungskultur bedeutet: alle Stakeholder zur Partizipation einladen, ergebnisoffene Zukunftskonferenzen veranstalten und Bürgerhaushalte einrichten. Das Ergebnis ist eine lebendigere, lebenswertere und suffizientere Stadt, die nicht unter dem Diktat von konservativen Amtsstuben, risikoscheuen Politikern und einflussreichen Lobbyisten steht.

Ebenso wichtig wie das politische ist das praktische Engagement der Bürger. Sie kümmern sich um Bibliotheken und Museen, sie übernehmen Patenschaften für Bäume und Bäche oder sie bepflanzen einfach das Stückchen öffentlichen Geländes vor ihrer Haustür – liebevoller und individueller als das die städtische Gärtnerei leisten könnte.

Daher sollten die Städte das Ehrenamt würdigen – und unterstützen. Sie sollten administrative Schnittstellen zu bürgerschaftlichen Einrichtungen schaffen, etwa im Rahmen des dezentralisierten Quartiersmanagements. Sie sollten die Ressourcen bereitstellen, damit ein Projekt, in das Freiwillige Hunderte von Arbeitsstunden stecken, nicht an einigen Euro scheitert.

Gut wohnen und leben in der Stadt. Die enge Bebauung der mittelalterlichen Städte Europas wurde lange als städteplanerisches Manko gewertet: Es fehlte an Platz für mehrspurige Straßen, Parkplätze und Konsumtempel.

Dabei bietet diese historische Verdichtung und Bausubstanz eine Chance für suffizientes Leben, die allgemein als Vorbild dienen kann: Für eine Stadt der kurzen Wege, die zu Fuß und mit dem Fahrrad zurückgelegt werden können, mit kleinteiliger, abwechslungsreicher und charakteristischer Architektur und mit einer engagierten Bürgerschaft.

Dafür muss der Suffizienzgedanke politisch wirksam werden. Flächensparen darf nicht ein vorzeigbares, aber harmloses Modellvorhaben und Pilotprojekt bleiben, es muss zur Normalität werden. Wirtschaftsfreundlich und autogerecht dürfen nicht die dominierenden Kategorien bleiben, unsere Städte müssen anders werden: gesund, sicher, grün, ästhetisch und gemeinschaftlich.

Auf einen Blick: Suffizienz in der Stadtplanung

Weniger

- Zersiedelung und Flächenverbrauch
- flächenintensive Einfamilienhäuser
- individualistische (Mini-)Apartments
- Stadtflucht und Kurztrips
- Beton und Eintönigkeit
- Werbung und Konsum

Mehr

- vielfältige Aufenthaltsqualität im öffentlichen Raum
- Möglichkeiten für Begegnung und Gemeinschaft
- Ruhe und saubere Luft
- ästhetische Architektur mit menschlichem Maß
- Natur in die Stadt
- spüren, dass Menschen gerne in der Stadt sind

Mobilität

Verkehrspolitik lautet der übliche Terminus und es gibt einen Verkehrsminister. Unter Verkehr wird zumeist motorisierter Verkehr verstanden: Autos, Bahnen, Flugzeuge, Schiffe. Verkehrspolitik soll diesen Verkehrsmitteln die entsprechende Infrastruktur an Straßen, Schienen und Häfen bieten, damit sie sich schnell bewegen können. Je schneller, desto besser.

Basis dieses Verkehrssystems sind vor allem die fossilen Energieträger Erdöl und Erdgas. Aber nicht nur die Klimawirkungen des CO_2-Ausstoßes erfordern eine Verkehrswende, wie sie das Institut für ökologische Wirtschaftsforschung IÖW schon 1990 skizziert hat. Der motorisierte Verkehr ist zudem verantwortlich für Ressourcen- und Flächenverbrauch, Eingriffe in Natur und Stadtlandschaften, die Emission von Schadstoffen und Lärm sowie unmittelbare Gesundheitsgefahren durch Unfälle.

Daher reicht es nicht aus, nur die Effizienz der Verkehrsmittel zu steigern und fossile Energieträger zu ersetzen, und auch das optimierte Elektroauto ist nicht die Lösung. Denn erstens werden die prognostizierten Steigerungsraten im Luft- und Lkw-Verkehr die Effizienzgewinne im Pkw-Verkehr überkompensieren, zweitens ist der Einsatz von Biosprit wegen der Flächenkonkurrenz mit Nahrungsmitteln und negativer Umweltfolgen nur sehr begrenzt vertretbar, und drittens können der Flächenverbrauch und die Unfallgefahren mit Effizienzmaßnahmen nur zum Teil verringert werden.

Künftige Mobilitätspolitik braucht eine Umorientierung in drei Dimensionen:

Anders. Wir müssen im Verkehrsbereich in neuen Kategorien denken. Statt uns auf den motorisierten Verkehr einengen zu lassen, sollten wir Mobilität unabhängig von der Antriebsart im Blick haben, also ebenso die Fußgänger und die Fahrer von Rädern, Rollstühlen und Kinderwagen. Wir sollten weg von der Priorität für den individuellen Autoverkehr, hin zu kollektiven und integrierten Verkehrssystemen.

Langsamer. Entschleunigung ist angesagt. Es ist sinnvoller, Infrastruktur und Fahrweise an die natürlichen Gegebenheiten anzupassen, statt den Raumwiderstand immer weiter zu verringern, indem man Straßen verbreitert und begradigt und neue Tunnel und Brücken baut. Damit Autos vor allem in bebauten Gebieten langsamer und aufmerksamer fahren, ist es sogar sinnvoll, den Raumwiderstand zu erhöhen.

Weniger. Wir sollten uns auch die Frage nach den Mobilitätsbedürfnissen neu stellen. Warum will ich welche

Entfernung wie schnell überwinden – beim Einkaufen, auf dem Weg zur Schule oder zum Büro, für Freizeitaktivitäten, bei Dienst- und Urlaubsreisen? Was erzeugt Mobilität von Personen und Gütern – welche Infrastrukturen, welche Preisstrukturen, welche mentalen Strukturen liegen dem zugrunde?

Mit einer Reihe von politischen Maßnahmen lässt sich eine solche Umorientierung unterstützen:

Richtige Preise. Der Verkehr – vor allem mit Auto und Flugzeug – belastet Mensch und Umwelt. Aber die Verkehrsteilnehmer zahlen nicht für Luft- und Lärmbelastung, Landschaftszerstörung und Flächenversiegelung. Als eine erste, übergeordnete Maßnahme sind solche Folgekosten den Verursachern »aufzubürden« – zum Beispiel durch die Weiterentwicklung der ökologischen Steuerreform, der Luftverkehrsabgabe und des EU-Emissionshandels. Damit würde auch der Güterverkehr reduziert, der ansonsten von der Suffizienzpolitik nur indirekt betroffen wird.

Maßnahmen zur Verkehrsvermeidung. Städtebau und Siedlungspolitik sind entscheidende Ansatzpunkte, um Verkehr zu vermeiden. Die Stadt der kurzen Wege erfordert eine grüne Verdichtung in den Innenstädten, Spaziergangsqualität, Naturerfahrungsräume, autofreie Zonen und

Einkaufsmöglichkeiten im Zentrum statt Einkaufszentren auf der grünen Wiese. In den Städten werden Freiräume für Bewegung, Spiel, Sport, Musik und Ruhe geschaffen: kostenlose Plätze für Fuß- und Volleyball, Tisch- und Softtennis, Sandstrände an Flüssen und Kanälen, die Karibik-Feeling vermitteln, Möglichkeiten für gemeinsame Aktivitäten wie Grillen, Schachspielen und Musikmachen – und einfach nur Bänke und Liegewiesen.

Auf dem Land gilt es, Zersiedelung zu vermeiden und Naherholungsräume aufzuwerten durch gute Nahverkehrsangebote, Rad- und Wanderwege, Gepäckstationen an viel genutzten Haltestellen des öffentlichen Verkehrs und Verleihstationen für Räder, Paddelboote oder Skier.

Verkehrsvermeidung wird sich nicht nur auf Konsum und Erholung beziehen, sondern auch auf Produktion und Arbeit. Suffizienzpolitik heißt: regionales Wirtschaften und regionale Kreisläufe fördern, Wohnen und Arbeiten durchmischen (dafür insbesondere die Pendlerpauschale abschaffen) und Home-Office-Arbeit erleichtern.

Suffiziente Mobilitätsformen unterstützen. Für die Verringerung des individuellen Autoverkehrs ist zunächst der öffentliche Personennahverkehr und seine Kombination mit anderen Verkehrsmitteln entscheidend. Parkplätze an Bahnhöfen reichen hierfür nicht aus, auch Radfahrer und Fußgänger müssen besser angebunden werden. Zusätzlich zum öffentlichen Verkehrsangebot sollten auch andere Formen des kollektiven Verkehrs unterstützt werden: die gemeinsame Nutzung von Autos als Carsharing und Bürgerbussen (ehrenamtliche Fahrdienste insbesondere auf dem Land), die Nutzung von Taxis (Taxikurzstreckentarife, Ruftaxis, Sammeltaxis, Nutzung von Busspuren) und die Entwicklung neuer Mobilitätsdienstleistungen beim Transport von Gütern (Kurierdienste). Auch Mitfahrzentralen können effektiver gestaltet werden.

Der öffentliche Personennahverkehr sollte ausgebaut und kundenfreundlicher werden. So erhöhen Buswartehäuschen und konsumfreie Sitzmöglichkeiten in Bahnhöfen (nicht nur in der Comfort-Lounge) die Aufenthaltsqualität beim Warten. Anzeigen der voraussichtlichen Wartezeit bei Bussen und Straßenbahnen geben den Kunden Planungssicherheit. Insgesamt sollte der öffentliche Verkehr etwas entschleunigen, vernünftige Puffer und Umsteigezeiten vorsehen – und dafür verlässlicher werden. Und die Bahn sollte weniger in Spitzengeschwindigkeiten denken und mehr in Systemgeschwindigkeiten: Was bringt es dem Kunden, wenn der ICE noch schneller dahinsaust, der nächste Bahnhof, auf dem der ICE hält, jedoch weit entfernt liegt und die Zubringerverbindung schlecht eingerichtet ist? Und noch eine Frage am Rande: Wieso eigentlich können Besitzer einer Bahncard 100 oder anderer Abonnements die entsprechenden Fahrtkosten für Bahn und öffentlichen Nahverkehr nicht bei öffentlichen Dienststellen als Reisekosten abrechnen?

Wir brauchen mehr Radwege. Auf wichtigen Verkehrsachsen möglichst doppelspurig, um unterschiedliche Geschwindigkeiten zuzulassen und die Sicherheit zu erhöhen. Auch Ampelschaltungen, die Radfahrer einen kleinen Vorsprung vor abbiegenden Autos gewähren, tragen zur Sicherheit bei. Die Radwege sollten darüber hinaus besser ausgezeichnet und gepflegt werden. Dazu gehört vor allem, sie freizuhalten: von Schnee, Split und Falschparkern. Und am Ziel angekommen, sollten die Radfahrer ihr Gefährt schnell, komfortabel und sicher abschließen können. Wieso investieren wir so viel in Parkplätze, Parkhäuser und Tiefgaragen und so wenig in überdachte, überwachte Fahrradständer – am besten mit Ladestationen für E-Bikes? Insbesondere sollten die ÖPNV-Gesetze der Länder attraktive Fahrradabstellmöglichkeiten zur Pflicht machen und so die Bildung von Wegeketten aus Fahrrad und öffentlichem Verkehr erleichtern.

Fußgänger brauchen Ampelanlagen, die an ihrer Gehgeschwindigkeit ausgerichtet sind. Und sie fühlen sich nur wohl, wenn Autos auf ein menschenfreundliches Maß verlangsamt werden. Wer hat Lust an einer Straße entlangzulaufen, auf der Autos mit 50 Kilometer pro Stunde oder schneller fahren? Eine solche Straße ist nicht nur laut und gefährlich, sie ist auch unwirtlich. Kein Café wird sich mit

Tischen und Blumenkästen zur Straße hin öffnen – die Straße ist kein abwechslungsreicher Lebens- und Bewegungsraum, sondern reines Mittel zu einem fernen Zweck.

Um diese Neuorientierung zu verwirklichen, dürfen Forschungsgelder nicht länger vorrangig in technische Projekte wie das Elektroauto gesteckt werden. Andere Fragestellungen mögen für traditionelle Ingenieure weniger spannend sein, für eine nachhaltige Mobilität sind sie wichtiger. Welche Möglichkeiten existieren für Mobilitätsketten, für die Zusammenarbeit von Verkehrsverbünden, für die Mobilität von Älteren, für gemeinsame Nutzungsformen von Verkehrsmitteln – auch dank der neuen Kommunikationsmittel? Dabei geht es nicht nur um theoretische Erkenntnisse. Wir müssen praktische Erfahrungen auswerten und neue Erfahrungen durch Modellprojekte gewinnen – und uns überlegen, wie wir den Weg vom gelungenen Experiment in die Breite gehen.

Auch Symbole können einen grundlegenden Wandel in der Verkehrs-, Infrastruktur- und Forschungspolitik befördern: Autofreie Straßen an bestimmten Wochenenden, autofreie Sonntage, Fahrradtage – solche Erfahrungen helfen, eine neue Mobilitätskultur einzuüben und aufzuwerten.

Suffizienzpolitik fürs Automobil. Langsamer ist besser. Geschwindigkeitswiderstände für Autos – Tempolimits, schmale Straßen, Schwellen, Verschwenkungen, Kreisel –

haben einen mehrfachen Wert: Sie vermindern die negativen Auswirkungen des Autoverkehrs, sie verlangsamen das Autofahren im Vergleich zu anderen Verkehrsformen und machen es so weniger attraktiv, und sie erhöhen Sicherheit und Genuss von Radfahrern und Fußgängern.

Auto ist nicht gleich Auto. Suffizienzpolitik sollte kleine, spritsparende Fahrzeuge fördern – zum Beispiel durch die Umstellung des Fuhrparks bei öffentlichen Einrichtungen. Umgekehrt sollte das Dienstwagenprivileg im Steuerrecht abgeschafft werden, das die Anschaffung schneller und großer Autos begünstigt. Schwergewichtige, spritfressende Geländewagen sollten steuerlich stärker belastet und überdimensionierte Laster, die eine »angemessene« Infrastruktur wie im australischen Outback erfordern, erst gar nicht zugelassen werden.

Suffizienzpolitik für den Flugverkehr. Beim Fliegen hat es Suffizienz besonders schwer. Zwar sind die Erkenntnisse über die hohen und in der Höhe besonders schädlichen CO_2-Emissionen der Flugzeuge weithin bekannt, zwar haben die Auseinandersetzungen um Neubau von Flughäfen, insbesondere wegen ihrer Lärmbelästigung (teilweise erfolgreichen) Widerstand von Anwohnern und Initiativen hervorgerufen, aber die Attraktivität des Fliegens ist ungebrochen und im Flugverkehr werden große Wachstumsraten prognostiziert. Individuelle Selbstbegrenzung ist hier besonders schwer und nur wenige nutzen die finanzielle CO_2-Kompensation, um die Diskrepanz zwischen Wissen und Handeln zu entschärfen. Suffizienzpolitik muss – so unpopulär das sein mag – das Fliegen verteuern, den Ausbau von Flughäfen stoppen und den Rückbau vor allem von Regionalflughäfen beginnen.

Drei Maßnahmen, die für Suffizienzpolitik stehen: Tempolimit, Platz für Carsharing, Vorrang für Fußgänger. Der vorangehende Katalog ist nicht umfassend, die Maßnahmen sind zum Teil nicht neu, manche sind schon an manchen Orten umgesetzt, mit manchen wird experimentiert, manche sind noch Ideen. Die Zusammenstellung soll die vielfältigen Ansatzpunkte für eine Suffizienzpolitik anschaulich machen – und zum Ergänzen motivieren.

Aus der Fülle möglicher suffizienzpolitischer Maßnahmen möchten wir drei herausgreifen, weil sie das Umdenken exemplarisch verdeutlichen:

1. *Geschwindigkeitsbegrenzungen* sind einfach und wirksam. Auf Autobahnen sollte ein generelles Tempolimit von 120 Kilometer pro Stunde und in bebauten Gebieten Tempo 30 als Regelgeschwindigkeit gelten. Diese Geschwindigkeitsbegrenzungen würden die Zahl der Unfälle verringern und den CO_2-Ausstoß vermindern. Tempo 120 führt dazu, dass Autos nicht mehr auf Höchstgeschwin-

digkeit ausgerichtet werden – und folglich leichter gebaut werden, sparsamere Motorkonzepte verwenden, weniger Material bei der Produktion und weniger Straßenfläche fürs Fahren und Parken benötigen. Tempo 30 bedeutet: Städte und Gemeinden sind nicht vorrangig Straßenraum für den Autoverkehr, sondern Aufenthalts- und Bewegungsraum für Bewohner und Besucher.

2. Im öffentlichen Straßenraum sollten reservierte *Carsharing-Stationen* bereitgestellt werden. Dazu bedarf es einer Änderung der Straßenverkehrsordnung, um eine bundesweit einheitliche Rechtsgrundlage für Kommunen zur Schaffung von Carsharing-Stationen im öffentlichen Straßenraum zu schaffen. Dies würde den Carsharing-Anbietern erlauben, auch in denjenigen dicht bebauten Stadtquartieren Stationen einzurichten, in denen heute auf privaten Flächen keine Stellplätze anzumieten sind.

Schon 2009 hat der Bundesrat einem Entschließungsantrag der Bundesländer Bremen und Sachsen zu Gunsten einer Änderung des Straßenverkehrsgesetzes und der Straßenverkehrsordnung zugestimmt. Dieser Gesetzentwurf liegt seit 2007 dem Bundesverkehrsministerium vor. Das Bundeswirtschaftsministerium hat ein Veto gegen den Gesetzentwurf eingelegt. So lange dieses Veto besteht, kann der Gesetzentwurf nicht beschlossen werden.

3. *Dauergrün für Fußgänger?* Klingt verrückt – und funktioniert. Die Grazer haben das Dauergrün für den Kfz-Verkehr bei Druckknopfampeln in einem Modellversuch einfach umgedreht. Jetzt müssen sich die Kraftfahrzeugfahrer anmelden. Allerdings brauchen sie keinen Druckknopf betätigen, ihre Annäherung wird mittels Induktionsschleife in der Fahrbahn automatisch registriert. Das neue Signalprogramm mit dem demonstrativen Vorrang für den Fußgängerverkehr kommt in Schwachlastzeiten mit wenig Kfz-Verkehr zum Tragen. Dabei hat sich gezeigt: Nicht nur die Wartezeiten der Fußgänger verringerten sich, auch das Klima wurde fußgängerfreundlicher. Graz hat den Modellversuch beibehalten und erweitert – weitere Städte sollten ihre Fußgänger privilegieren.

Partizipation für eine neue Mobilität. Die Menschen stoßen auf die Probleme unserer Verkehrspolitik auf Schritt und (Fahrrad-)Tritt. Ebenso konkret erlebt wurden nennenswerte Erfolge wie autofreie Innenstädte, Tempo 30 in Wohngebieten und Baumaßnahmen zur Geschwindigkeitsverringerung. Oder die Verhinderung von Großprojekten im Bereich der Straße, der Bahn, der Flughäfen. Daher sind viele Akteure aus der Zivilgesellschaft besonders motiviert, sich gegen die traditionelle Verkehrspolitik zu engagieren und eine neue Mobilität mitzugestalten.

Die Politik muss auf diesen Wunsch nach Partizipation stärker eingehen. Bisher dominierten die Sichtweise und Lebenswelt vor allem männlicher Verkehrsplaner und die Interessen der Hersteller von Verkehrsmitteln und Infrastruktur. Kein Wunder, dass sich diese für die Ausweitung des Verkehrsvolumens aussprachen. Es ist höchste Zeit, dass die Bedürfnisse aller Verkehrsteilnehmer angemessen berücksichtigt werden. Damit wird die Gewichtung vom Auto hin zum öffentlichen und nichtmotorisierten Verkehr und vom Fern- zum Nahverkehr verschoben.

Zahlreiche Erfahrungen, gerade aus der Schweiz, zeigen zudem, dass dank Partizipation Großprojekte sehr viel genauer und kritischer überprüft werden – auch im Hinblick auf alternative Verwendungsmöglichkeiten der Mittel (zum Beispiel in Kommunen für Projekte im Sozial- oder Bildungsbereich). Bürgerinnen und Bürger sind gerade im kommunalen Bereich die Experten, wenn es um Rad- und Fußgängerverkehr geht. Sie frühzeitig einzubeziehen, erhöht die Qualität und Akzeptanz der Planung. Darüber hinaus sollten Initiativen von Bürgerinnen und Bürgern ermutigt und aufgegriffen, innovative Ideen aus Zukunftswerkstätten und Workshops gemeinsam umgesetzt werden.

Deswegen sollte Partizipation rechtlich besser verankert und finanziell unterstützt werden, zum Beispiel durch ein Budget für Moderation und Gutachten, die Bürger in

Auftrag geben können. Insbesondere ist eine frühzeitige Prüfung der Null-Variante (der weitestgehenden Suffizienzvariante) vorzusehen.

Ausnahmsweise mehr Tempo – für die Mobilitätswende. Der Traum der 1960er-Jahre von der autogerechten Stadt ist ausgeträumt, die Illusion, mit immer mehr und besseren Straßen die zunehmenden Verkehrsmengen zu bewältigen, ist im Stau steckengeblieben, der Hochgeschwindigkeitswahn der Bahn wird durch die zunehmenden Verspätungen und Bürgerproteste widerlegt.

Die Wende im Mobilitätsbereich hat schon lange begonnen, mit erfolgreichen Nahverkehrssystemen in Städten und Regionen, mit Fahrradwegen, autofreien Innenstädten und verkehrsberuhigten Wohngebieten. Erreicht wurde dies vor allem durch engagierte Kommunalpolitikerinnen und -politiker sowie innovative Planerinnen und Planer, durch örtliche Bürgerinitiativen, Umweltverbände und Nichtregierungsorganisationen im Mobilitätsbereich – oft in heftigen örtlichen Auseinandersetzungen.

Der Widerstand gegen eine Mobilitätswende ist nach wie vor groß, angefangen von der Automobil- und Flugzeugindustrie, den Fluggesellschaften und dem Baugewerbe über die Politiker bis hin zum ADAC und den eingefleischten Autofahrern. Aber das frühere Statussymbol Auto verliert an Glanz, gerade in jungen und urbanen

Bevölkerungsschichten. Hier werden (autobesitzfreie) Lebensstile selbstbewusst und selbstverständlich gelebt, und damit neue Mobilitätsstile geprägt. Damit immer mehr Menschen mit einsteigen und daraus eine Massenbewegung wird, bedarf es der Unterstützung durch die Suffizienzpolitik.

Auf einen Blick: Suffizienz im Bereich Mobilität

Ziele im Bereich Mobilität

- weniger motorisierter Verkehr
- weniger CO_2-Ausstoß
- weniger Ressourcen– und Flächenverbrauch
- weniger Geschwindigkeit
- weniger Schadstoffe
- weniger Lärm
- weniger Unfälle
- weniger Natur- und Stadtzerstörung

Vorteile von Suffizienz im Mobilitätsbereich

- mehr Freiheit für vielfältige Formen der Mobilität
- mehr Sicherheit
- bessere Luft
- mehr Gesundheit durch aktive Mobilität (zu Fuß gehen und Radfahren)
- mehr Begegnungen mit Menschen, Landschaft und Natur durch bewusstere und langsamere Bewegung
- mehr Entfaltungsmöglichkeiten für Menschen ohne Auto, vor allem für Kinder, Alte und Behinderte

Ernährung

Die Herausforderung: Bei einer Weltbevölkerung von sieben Milliarden leiden über 800 Millionen Menschen an Hunger. Bis zum Jahr 2050 wird die Weltbevölkerung auf neun Milliarden anwachsen. Wie können all diese Menschen ernährt werden?

Noch immer setzen viele auf die globale Ausbreitung der industriellen Landwirtschaft. Sie wollen mit Kunstdünger, Herbiziden und Gentechnik die Flächenproduktivität so weit steigern, dass sogar der hohe Konsum von Fleisch und Milchprodukten von den Industrieländern auf die Länder des Südens übertragen werden kann.

Doch immer mehr Menschen fordern eine Agrar- und Ernährungswende. So auch die Experten vom »Weltagrarrat«, dem Pendant zum »Weltklimarat«. In seinem »Weltagrarbericht« von 2008 empfiehlt er eine grundlegende Neuorientierung für die weltweite Landwirtschaft. Denn die industrielle Landwirtschaft vermindert die Bodenqualität und zerstört die Biodiversität, sie verbraucht und verschmutzt Wasser und trägt massiv zum Klimawandel bei, sie quält Tiere und schadet durch exzessiven Antibiotikaeinsatz unserer Gesundheit. Deshalb plädiert auch die FAO inzwischen für eine kleinteilige, multifunktionale und lokal ausgerichtete Landwirtschaft, die traditionelles Wissen einsetzt und weiterentwickelt.

Damit der Wandel im Süden gelingt, muss der Norden anders konsumieren. Sonst werden in Südamerika weiter Regenwälder abgeholzt, um Platz für die Sojaproduktion zu schaffen, die danach als Futtermittel exportiert wird. Sonst werden die Meere weiter überfischt, weil Fisch im Norden immer begehrter wird – auch als Fischmehl für die Tier- und Fischzucht. Sonst werden in den Mangrovenwäldern von Bangladesch immer mehr Garnelen gezüchtet, die zum Standardaccessoire in der Gastronomie geworden sind. Und wie selbstverständlich liefert uns der Süden neben exotischen Früchten auch das alltägliche Obst und Gemüse, das wir unabhängig von der Jahreszeit im Supermarkt erwarten.

Unsere Ernährungsgewohnheiten sind schlecht für den Süden – und für unsere Gesundheit. Wir essen »zu viel, zu fett, zu süß, zu salzig«. Mehr und mehr Menschen können nicht kochen, und ohnehin fehlt ihnen die Zeit dazu. Selbst das Essen wird beschleunigt. Fertiggerichte und Fast Food statt Esskultur im Alltag. Ein Drittel bis die Hälfte unserer Lebensmittel wird dabei weggeworfen.

»Taste the Waste«, ein Film aus dem Jahr 2010, führte den Kontrast zwischen unserer Lebensmittelverschwendung – die gleichzeitig eine Verschwendung von Energie, Wasser und anderen Ressourcen ist – und den hungernden Menschen, aus deren Ländern wir Futter- und Lebensmittel beziehen, drastisch vor Augen. Das EU-Parlament forderte eine Strategie zur Halbierung der Verschwendung bis 2025. Das »Bundesministerium für Ernährung, Landwirtschaft und Verbraucher« hat dieses politische Ziel übernommen. Die Umsetzung fällt offensichtlich schwer, denn die Mentalität ist auf »mehr Produktion« geeicht.

Suffizienzpolitik erleichtert es Menschen, einen Ernährungs- und Lebensstil zu praktizieren, der gesund ist und die Esskultur fördert, der die Umweltbelastungen bei uns und in den Ländern des Südens verringert und damit weltweit übertragbar ist. Suffizienzpolitik kann die Verschwendung beenden, wenn sie den Verbrauch von Fleisch und anderen Lebensmitteln mit einem großen ökologischen Fußabdruck reduziert. Suffizienzpolitik setzt also einmal beim Konsum an – und sie wird das Angebot verändern: durch neue Rahmenbedingungen für Produktion, Handel und Transport von Nahrungsmitteln. Bei den weltweiten Verflechtungen und Regulierungen ist hier sowohl die internationale Ebene (WTO), die EU-Agrar- und Entwicklungspolitik, aber auch die nationale Politik bis zur Landes- und Kommunalpolitik gefordert.

Fleischkonsum reduzieren. Der Sonntagsbraten war früher ein besonderer Genuss, weil man ihn sich nicht alle Tage leisten konnte. Dass heutzutage von Montag bis Sonntag, vom Frühstück bis zum Abendessen Fleisch auf den Tisch kommt, liegt auch daran, dass Fleisch billig ist. Grenzen für die Größe von Tierhaltungsanlagen, strengere Tierschutzvorschriften für die Haltung und den Transport und verschärfte Klimaschutznormen würden daran etwas ändern.

Selbstverständlich sollten die Subventionen für die Massentierhaltung abgeschafft werden – nur besonders verantwortungsvolle Praktiken, wie insbesondere in der ökologischen Landwirtschaft üblich, verdienen staatliche Unterstützung. Auch die indirekten Subventionen müssen dabei berücksichtigt werden. So schlägt der Sachverständigenrat für Umweltfragen in seinem neuesten Gutachten von 2012 vor, statt des reduzierten Mehrwertsteuersatzes von sieben den regulären Satz von 19 Prozent auch auf tierische Produkte anzuwenden. Darüber hinaus ist eine differenzierte Fleischsteuer zu erwägen, die multifunktionale und artgerechte Tierhaltung begünstigt. Das Schwein aus dem Mastbetrieb zahlt voll, die Ziege aus dem Naturschutzgebiet bekommt eine Ermäßigung.

Die Kinder nicht mit Werbung verführen. Kinder können beim Essen sehr eigenwillig sein. Das heißt nicht, dass sie nicht auch sehr beeinflussbar wären. Hinzu kommt: Den Ernährungsstil, den wir uns in Kindheit und Jugend angewöhnen, behalten wir meist ein Leben lang. Das weiß die Nahrungsmittelindustrie – und investiert in Werbung für fetthaltige, salzige und vorgefertigte Produkte, die schnell mal zwischendurch eingeworfen werden können.

Werbung für Lebensmittel, die sich an Kinder und Jugendliche richtet, sollte daher eingeschränkt oder besser verboten werden. In Schweden und Norwegen ist derartige Werbung im Fernsehen bereits untersagt, der »Europäische Gerichtshof« hat dies für zulässig erklärt. Die Bundesregierung hat zwar 2008 in ihrem Aktionsplan für gesunde Ernährung das Ziel gesetzt, einen Verzicht auf Nahrungsmittelwerbung, die sich an Kinder unter zwölf Jahren richtet, zu erreichen. Doch da dies in Zusammenarbeit mit der Wirtschaft erfolgen sollte, blieb es bei den Absichten.

Den Konsumenten (von morgen) bilden. Da das individuelle Ernährungsverhalten frühzeitig geprägt wird, ist die Bildung von »Ernährungskompetenz« in Kindergärten und Schulen – neben dem Lernort Familie – entscheidend. Wie baue ich Kräuter und Gemüse im eigenen Garten oder auf dem Balkon an? Wie kaufe ich saisongerecht ein? Wie erkenne ich, ob Lebensmittel verdorben sind? Wie koche ich – auch mit Resten? Suffizienzpolitik sollte solche Inhalte auf den Lehrplan bringen und dafür sorgen, dass auch die Praxis stimmt: mit Schulgärten, Schulküchen und Bio-Schulessen in Ganztagseinrichtungen.

Nicht alle werden zu Ernährungsexperten. Deswegen bedarf es transparenter, schnell erfassbarer Informationen auf Verpackungen, wie die Lebensmittelampel, die anzeigt, wie gesund ein Produkt ist. Eine Information, die bereits auf den meisten Lebensmitteln angebracht ist, ist das Mindesthaltbarkeitsdatum. Doch das wird allzu oft als Wegwerftdatum missverstanden. Hier ist verstärkte Aufklärung der Konsumenten vonnöten, möglicherweise mit einem differenzierteren Hinweissystem zur Haltbarkeit.

Mit Labels lenken, statt zu verwirren. Labels sollen den Konsumenten die Entscheidung erleichtern. Für Nahrungsmittel, die biologisch hergestellt sind, gibt es daher das gesetzliche EU-Biosiegel und zusätzlich die Labels der großen Öko-Anbauverbände.

Für tierische Produkte ist die Kennzeichnung noch nicht so weit. Neben der gesetzlichen Kennzeichnung für Eier aus verschiedenen Haltungsformen, existiert seit langem die Kennzeichnung von Fleisch nach Neuland-Standards und seit kurzem ein Fleischsiegel, das von einigen Produzenten zusammen mit dem Deutschen Tierschutzbund entwickelt wurde. In verschiedenen Regionen haben sich außerdem spezifische Kennzeichnungen mit eigenen Standards herausgebildet, wie etwa für das Rhönschaf oder das Schwäbisch-Hällische Landschwein. Hier ist eine Standardisierung – analog zum Bio-Siegel – auf EU- oder nationaler Ebene nötig, die auch Kennzeichnung mit weiterreichenden Standards zulässt, wie zum Beispiel bei Produkten mit dem Bio-Siegel zusätzlich die Demeter-Kennzeichnung.

Im sozialen Bereich ist es mit dem von zivilgesellschaftlichen Organisationen entwickelten Fair-Trade-Siegel gelungen, eine Orientierung für faire Arbeitsbedingungen in den Ländern des Südens zu schaffen, die zunehmend auch ökologische Anforderungen integriert.

Eine weitere Gruppe bilden die Regionallabels. Sie setzen auf Heimatsbewusstsein und kurze Wege, haben aber sehr unterschiedliche Produktionsanforderungen.

Und schließlich kreieren Hersteller und Handelsketten Fantasie-Labels mit grünen Farben und freundlichen, beruhigenden Namen. Wiesenhof, Gutshof und Bauernglück suggerieren traditionelle, kleinteilige Landwirtschaft – doch dahinter stecken Konzerne, deren Marketing besser ist als ihre Produktionsrichtlinien.

Der Wildwuchs der Labels verwirrt und frustriert die Konsumenten. Anspruchsvolle Labels von nichtstaatlichen Akteuren können Pionierfunktion haben, sie können Nischenmärkte und Problembewusstsein schaffen, aber für eine größere Verbreitung braucht es allgemeingültige, gesetzlich festgelegte Labels mit nachprüfbaren Standards, deren Verletzung rechtliche Folgen hat. Zugleich müssen irreführende Markennamen und Labels verboten werden. Nur so ist Verlässlichkeit und Akzeptanz und damit Breitenwirkung zu erreichen.

Daneben ermöglichen gesetzliche Kennzeichnungspflichten, Konsumenten auch über unerwünschte Produktionsverfahren aufzuklären. So sollten zum Beispiel bei Fleisch die Herkunft aus der Massentierhaltung und die Verwendung von Gentechnik im Futter kennzeichnungspflichtig sein.

Mit öffentlichem Konsum den Weg weisen. Reichlich, günstig, genießbar – das sind meist die Maßstäbe, die an ein Kantinenessen angelegt werden. Aber wie wäre es, wenn in allen öffentlichen Einrichtungen – von der Kommunalverwaltung bis ins Ministerium, an Schulen und Universitäten ebenso wie in Krankenhäusern – neue Ansprüche eingeübt würden? Saisonal und regional, biologisch und tiergerecht, vegetarisch als Option, donnerstags für alle fleischlos!

Für alle fleischlos? Das mag für manchen unerhört und wirklichkeitsfremd klingen. Aber in Bremen und 30 weiteren deutschen Städten wird es bereits jeden Donnerstag praktiziert. Und wenn solche Innovationen Zündstoff für Tischgespräche übers Essen liefern, umso besser! Nach einer Weile werden neue Ansprüche zur Gewohnheit, und dann müssen sich die Unternehmenskantinen und Hotels Beschwerden anhören, weil sie nicht wissen, woher ihr Steak kommt, oder weil sie mitten im Winter Erdbeeren anbieten. »Ach, und übrigens, Sie haben keine kleinen Portionen zu ermäßigten Preisen? Was für eine Verschwendung von Lebensmitteln!« Das hört sich auf Dauer kein Wirt gerne an.

Zeit lassen für gute Ernährung. Ein suffizientes Ernährungsverhalten braucht Zeit. Zum Planen des Bedarfs an frischen Lebensmitteln und zum Einkaufen auf dem Wochenmarkt. Zum achtsamen Umgang mit Lebensmitteln und zur Verwertung von Lebensmittelresten. Um zu kochen und zu backen und gemeinsam zu essen (»Slow Food«). Eine Politik der Arbeitszeitverkürzung, der gleichen Entlohnung von Männern und Frauen und eine geänderte Work-Life-Balance birgt die Chance für eine ausgeglichenere Verteilung von Erwerbs- und Versorgungsarbeit, die nicht nur individuelle Vorteile bringt, sondern auch zur ökologischen Entspannung beiträgt.

Besonders viel Zeit muss haben, wer selbst Lebensmittel anbauen will. Kleingärten hinter dem Haus und Kräuterkästen auf dem Balkon – da mag mancher abwinken und darauf verweisen, wie gering dieser Beitrag zur Nahrungsmittelversorgung ausfällt. Doch die eigentliche Bedeutung liegt in der Erfahrung des Gärtnerns: Wer Samen und Setzlinge auswählt, pflanzt und gießt, jätet und erntet, der gewinnt eine neue Wertschätzung für Lebensmittel. Die Kommunen sollten daher Kleingärten und Gemeinschaftsgärten fördern – und ebenso andere Möglichkeiten, wie die Konsumenten den Produzenten näherkommen können, etwa durch stadtnahe Landwirtschaft und Bauernmärkte.

Wann kommt die Ernährungs- und Agrarwende? Immer mehr Menschen empfinden die Zustände in der Tierhaltung, die dauernde Gesundheitsgefährdung durch Antibiotika im Fleisch und die wiederkehrenden Lebensmittelskandale als Zumutung, die nicht länger mit kurzer Empörung und dann mit Achselzucken hingenommen wird. Und immer mehr zivilgesellschaftliche Akteure engagieren sich. Tierschutz- und Umweltschutzverbände agieren gemeinsam, neue Verbände, die sich auf Nahrungsmittel konzentrieren, kommen hinzu. Der Zustrom zur vegetarischen Bewegung ist groß, insbesondere bei jungen Leuten, sie verbindet Tierschutz mit Gesundheitsanliegen, und lässt pragmatisch auch Teilzeit-Vegetarier gelten. Die Zunahme ernährungsbedingter Krankheiten und Behandlungskosten schreckt Ärzte, Krankenkassen und Politiker auf, und dass diese Probleme insbesondere sozial schwache Schichten betreffen, mobilisiert Sozialverbände und -politiker für das Ernährungsthema. Viele dieser Akteure haben sich zu einer Protestbewegung gegen die Agrarpolitik formiert, die unter dem Motto »Wir haben es satt« dem Unbehagen politische Stoßkraft verleiht.

Auf einen Blick: Suffizienz im Bereich Ernährung

Ziele im Bereich Ernährung

- weniger wegwerfen
- weniger Fleisch
- weniger Massentierhaltung und Tierquälerei
- weniger Umweltverschmutzung und Treibhausgase
- weniger Fertiggerichte und Fast Food
- weniger Hunger in der Welt

Vorteile von Suffizienz in der Ernährung

- mehr regionale und saisonale Spezialitäten
- mehr gesunde und geschmackvolle Gerichte
- mehr Biodiversität
- mehr Kompetenz und Entscheidungsfreiheit bei den Konsumenten

Kapitel IV
Ermöglichen – Ressourcen für Suffizienz durch Arbeits-, Bildungs-, Gesundheits- und Verbraucherpolitik

Wir haben uns bisher von drei Zugängen einer Politik für eine suffiziente Gesellschaft genähert: Beim *Rahmen* ging es um Veränderungen im Ordnungsrahmen unseres Wirtschaftens, vom neuen Wohlstandsmaß über Änderungen der Eigentums- und Wettbewerbsordnung bis hin zu einer Gerechtigkeitspolitik. Beim *Orientieren* sind wir auf treibende Kräfte/Entwicklungslinien der gegenwärtigen nichtnachhaltigen Wirtschafts- und Lebensweise eingegangen – die Beschleunigung, die Globalisierung, die ständige Ausrichtung am Mehr, die Kommerzialisierung. Wir haben für eine Politik plädiert, die Suffizienz als Maßstab nimmt – mit den »vier E« – Entschleunigung, räumliche Entflechtung, Entrümpelung und Entkommerzialisierung als Orientierungspunkte. Welcher politischen Maßnahmen eine solche Umorientierung bedarf, haben wir beim *Gestalten* in den konkreten Politikfeldern Bauen und Wohnen, Mobilität und Ernährung dargestellt.

Im vierten Zugang zur Suffizienzpolitik – dem *Ermöglichen* – sollen jetzt verschiedene Politikbereiche (Arbeitspolitik, Bildungspolitik, Gesundheitspolitik, Verbraucherpolitik) beleuchtet werden, die sehr wesentlich dazu beitragen, dass der oder die Einzelne in einer suffizienten Gesellschaft ein gutes Leben führen und mitgestalten kann. Bei diesen Politiken geht es um die Schaffung von Fähigkeiten und Ressourcen, die es der und dem Einzelnen jenseits ökonomischen Zuwachses ermöglichen, ein gutes Leben zu führen. Eigentlich handelt das gesamte Buch von der Ermöglichung suffizienter Lebensweisen. In diesem Kapitel aber geht es um einen spezifischen Aspekt der Ermöglichung, nämlich um die persönlichen Ressourcen, die suffizientes Leben einfacher machen: um Ressourcen wie Bildung, Wissen, souveränes und autonomes Orientieren, um Zeit oder um Gesundheit.

Die Politikbereiche, die solche Ressourcen schaffen können, arbeiten heute oft noch unter dem Dogma ökonomischen Wachstums. Sie konzentrieren sich daher auf die Schaffung von bezahlten Arbeitsplätzen und mehr Konsum – und vergeben damit Chancen, suffiziente Lebensweisen zu fördern.

Vermeintliche »nichtproduktive« Bereiche sind dann sehr häufig aus einer Defizitperspektive Gegenstand der Politik: Arbeitslose, nicht mehr erwerbstätige Alte oder die ungenutzte Arbeitskraft von Frauen und Männern, die sich um Kinder kümmern, gilt es wieder verstärkt in ökonomisch messbare produktive Prozesse zu integrieren. Junge Menschen gilt es durch geeignete Ausbildung möglichst produktiv zu machen – »in Bildung zu investieren«.

Die Gesundheitswirtschaft wird als wichtiger Wachstumsmarkt in einer alternden Gesellschaft angesehen und Gesundheitspolitik wird damit auch zur ökonomischen Wachstumspolitik.

Diese Fixierung auf Arbeit und Konsum wird der Ganzheit des Lebens nicht gerecht. Sie ist auch ökonomisch unzutreffend, da über die Hälfte der Arbeit im Bereich der Nichterwerbsarbeit (im Haushalt, in Erziehung und Pflege, im Ehrenamt) erbracht wird. Diese Nichterwerbsarbeit ist zudem Voraussetzung dafür, dass Erwerbsarbeit überhaupt geleistet werden kann. Und sie ist essenziell für den Zusammenhalt der Gesellschaft. Diese Verbindung zwischen der Sphäre von Erwerbsarbeit und Nichterwerbsarbeit gerät jetzt ansatzweise in den Blick der Politiker, wenn sie die »Erosion des sozialen Kapitals« feststellen. Die ökonomische Funktionalisierung lässt dann Kultureinrichtungen, Kindertagesstätten oder die Ärzteversorgung zu Standortfaktoren werden, während sie früher zur Daseinsvorsorge zählten.

Eine suffiziente Gesellschaft ist nicht vorrangig auf eine Funktionsfähigkeit im ökonomischen System ausgerichtet. Sie orientiert sich an einem Bild des Menschen als soziales und kulturelles Wesen, dessen ökonomische ein Teil seiner vielfältigen Bedürfnisse sind. Nach Skidelsky sind diese Bedürfnisse:

- Gesundheit
- Sicherheit
- Respekt
- Entfaltung der Persönlichkeit
- Harmonie mit der Natur
- Freundschaften
- Muße

Ressourcenpolitiken zielen darauf, die Bedingungen zur Befriedigung dieser Bedürfnisse zu verbessern, unabhängig von ihrem in einer Steigerung des Bruttoinlandsprodukts messbaren Effekt. Besonders wichtig sind dabei die Bereiche Gesundheitspolitik, Arbeitspolitik, Bildungspolitik und Verbraucherpolitik.

Gesundheit, Suffizienz und gutes Leben

Wenn wir gefragt werden, was für uns besonders wichtig im Leben ist oder was wir uns für das kommende Lebensjahr wünschen, dann wird »Gesundheit« fast immer als erstes genannt. Suffizienz und Gesundheit sind in mehrfacher Weise miteinander verknüpft: Gesundheit ist einmal selbst ein zentrales menschliches Bedürfnis, Ausdruck eines guten Lebens. Es ist daher wichtig, darüber nachzudenken, wie sich Gesundheit auch ohne ständig steigende Kosten im Gesundheitssystem – und entsprechend ohne ökonomisches Wachstum – erreichen oder erhalten ließe.

Zum anderen erleichtert Gesundheit ein gutes Leben: Sich zu Fuß und mit dem Rad bewegen zu können, sich mit anderen auszutauschen, neue Fähigkeiten zu erwerben – all dies wird durch Gesundheit befördert.

Und schließlich ist Gesundheitspolitik eng mit anderen Politiken der Suffizienz verbunden. Denn Stress und die damit einhergehenden Krankheiten gehen stark auf die Form und Art der heutigen Arbeitsorganisation zurück.

Dass wir in modernen Gesellschaften ein so hohes Gesundheitsniveau haben, hängt dabei allerdings eng mit dem gewachsenen ökonomischen Wohlstand zusammen: Ohne den erheblichen Anstieg des Bruttosozialprodukts in den letzten Jahrzehnten gäbe es heute weder ein flächendeckendes Netz an Krankenhäusern und Ärzten, noch eine umfassende und teure Medizinerversorgung, noch die Entwicklung und Produktion innovativer Medikamente.

Gleichzeitig spüren wir, dass immer höhere Ausgaben für das Gesundheitssystem nicht automatisch mehr Gesundheit bedeuten. Wachstum im Gesundheitssektor kann sogar mit kontraproduktiven Effekten verbunden sein. So mehren sich die Nachrichten über eigentlich unnötige Knie- und Hüftoperationen, um die Auslastung von Geräten und Krankenhäusern zu gewährleisten. Schönheitsoperationen erleben einen Boom. Und die Hauptumsatzbringer für die meisten pharmazeutischen Unternehmen sind Medikamente, die gegen klassische Wohlstandskrankheiten wie Herz-/Kreislauferkrankungen oder durch Fehlernährung erworbenen Diabetes helfen. Diese Krankheiten werden durch individuelle Lebensstile mit verursacht, helfen würden daher auch Rahmenbedingungen, die den betroffenen Menschen ein gesünderes Leben erleichterten – unabhängig von ökonomischem Wachstum. Heute verdienen die Ärzte nur am kranken Patienten und haben folglich wenig Anreiz, Gesundheitsvorsorge zu fördern. Heute ist es für Pharmaunternehmen attraktiv, wenn neue »Krankheiten« entstehen. Besondere öffentliche Aufmerksamkeit hat in diesem Zusammenhang die Diskussion über ADHS (Aufmerksamkeits-Defizit/Hyperaktivitäts-Störung) erlangt: 2013 stellt die Krankenkasse Barmer GEK in ihrem Arztreport fest, dass von den im Jahr 2000 geborenen Jungen knapp 20 Prozent im Alter zwischen sechs bis elf Jahren die Diagnose einer solchen »hyperkinetischen Störung« erhalten haben und zu einem hohen Anteil auch medikamentös behandelt wurden. Zwanzig Jahre zuvor war diese Erkrankung/Diagnose noch völlig unbekannt.

Eine andere fatale Dynamik sind die sehr teuren modernen diagnostischen Möglichkeiten. Computer Tomographie (CT) oder Magnet-Resonanz-Tomographie (MRT) haben die Diagnosemöglichkeiten erheblich verbessert. Die dafür notwendigen Geräte sind mit einer Million Euro und mehr pro Gerät allerdings sehr teuer. Einmal angeschafft, ist ihre möglichst kontinuierliche Auslastung daher ein ökonomisches Muss. Rund 5.000 CT- und MRT-Geräte sind in Deutschland inzwischen im Einsatz und die Zahl der Untersuchungen ist in den letzten zehn Jahren massiv gestiegen – viele davon wären gar nicht notwendig.

All das macht deutlich: Gesundheitspolitik, die auf ein gutes Leben zielt, kann sich nicht alleine auf den Wachstumsmarkt »Gesundheitswirtschaft« konzentrieren. Das wäre auch deswegen fatal, weil der Großteil der Gesundheitskosten heute durch öffentliche Krankenkassen getragen wird, die nach Solidarprinzip organisiert sind. Jede Erhöhung der Gesundheitskosten gefährdet eine gerechte und solidarische Krankheitsversorgung für alle und erhöht die Belastungen der öffentlichen Haushalte, die heute schon die gesetzliche Krankenversicherung mit einem Zuschuss im zweistelligen Milliardenbereich in den sogenannten Gesundheitsfonds stabilisiert.

Gesundheitspolitik für ein gutes Leben muss daher konsequent andere Impulse setzen. Drei Aspekte sind dabei wichtig:

Vorsorge statt Nachsorge. Die wichtigsten Krankheiten in Wohlstandsgesellschaften hängen mit unserem Lebenswandel zusammen: Herz-/Kreislauferkrankungen, Gelenkerkrankungen oder Stoffwechselstörungen wie Diabetes werden insbesondere durch schlechte Ernährung, Übergewicht und Bewegungsmangel verursacht. Eine Umstellung der Lebensgewohnheiten ist daher die beste Vorsorge für künftige Gesundheit. Dadurch könnte sich das Gesundheitssystem verstärkt auf solche Gesundheitsstörungen konzentrieren, die unabhängig vom Verhalten des Einzelnen entstehen. Vorsorge und Prävention stehen daher schon länger auf der Agenda der Gesundheitspolitik. Bisher gelingt die Umorientierung aber nur schleppend. Zentral wäre es, Anreize für Patienten und Leistungserbringer zu setzen und die Vorsorgeanstrengungen belohnen. Das schweizerische Gesundheitssystem bietet hier vielfältige Beispiele. Durch Eigenbeteiligung, prämienbezogene Anreize zur Gesundheitsförderung oder Hausarztmodelle wird hier erfolgreich die Motivation zur Gesundheitsvorsorge gefördert und ein hoher Gesundheitszustand in der

Schweiz erreicht – bei sehr viel geringeren Kosten in Relation zum Bruttosozialprodukt als in anderen Volkswirtschaften.

Randbedingungen, die gesundes Leben leichter machen. Ob ein gesundes Leben gelingt, liegt nicht alleine am Willen des Einzelnen. Es wird stark von den Lebensbedingungen beeinflusst, in denen sich Menschen befinden. Gesundheitsschutz sowie gesundheitsfördernde Maßnahmen am Arbeitsplatz, eine Stadtplanung, die Stadtgrün, Parks, Naherholung sowie Fuß- und Radverkehr fördert, aktive Quartierpolitik in Stadtteilen mit schwierigen Lebensbedingungen – all dies ist auch aktive Gesundheitspolitik, weil sie der Entstehung von gesundheitsschädlichen Lebensmustern vorbeugt.

Ein verändertes Verhältnis zu Gesundheit und Krankheit. Die Idee der Suffizienz wirkt unmittelbar in das dritte Feld einer vorsorgenden Gesundheitspolitik hinein. Unser Verhältnis zur Gesundheit hat sich in den letzten Jahrzehnten massiv verändert. Der Körper wird als eine Maschine wahrgenommen, die möglichst bis zum Lebensende reibungslos zu funktionieren hat. Krankheit und körperliche Einschränkungen werden nicht als normale und teilweise wichtige Lebenserfahrungen wahrgenommen, sondern ausschließlich als lästige Einschränkung.

Die erheblich gewachsenen Möglichkeiten der Medizin haben entsprechende Machbarkeitsfiktionen verstärkt. Uneingeschränkt vitales Leben bis zum Lebensende scheint möglich. All dies ändert nichts daran, dass die Endlichkeit unserer irdischen Existenz nicht aufzuheben ist. Indem die völlige Eliminierung von Leiden möglich scheint, steigt die Frustration, wenn wir dennoch Schmerz und körperliche Einschränkungen erfahren. Die Zunahme von Schönheitsoperationen ist Ausdruck eines solchen Teufelskreises.

Jeder einzelne wird widerstandsfähiger und resilienter, wenn sie/er Krankheit, Leiden und Tod als ein elementares Moment menschlicher Existenz akzeptiert und Fähigkeiten entwickelt, damit umzugehen. Hierbei handelt es sich um psychische und spirituelle Ressourcen, die die Ganzheitlichkeit eines guten Lebens fördern.

Alle drei Aspekte machen deutlich, dass eine Gesundheitspolitik für ein gutes Leben nicht im Kern mehr Wachstum, sondern ganz andere Impulse benötigt. Vermutlich ist selbst in einer alternden Gesellschaft gute Gesundheitspolitik eine, die mit weniger ökonomischen Ressourcen auskommen kann als die heutige.

Gutes Arbeiten einfacher machen – auf dem Weg zu einer Tätigkeitspolitik

Arbeit ist ein äußerst vielschichtiges Phänomen. In modernen Gesellschaften hat sie weit mehr Funktionen als nur den Lebensunterhalt zu sichern. Arbeit ist ein Weg zur sozialen Teilhabe, Arbeit vermittelt über ihre Bezahlung oder die ihr entgegengebrachte Anerkennung Wertschätzung für die eigene Person. Sehr häufig ermöglicht sie die Entfaltung der persönlichen Fähigkeiten. Gutes Leben hat daher sehr viel damit zu tun, wie Arbeit bewertet und organisiert wird.

Der ökonomische Blick auf die Arbeit ist daher ein sehr reduzierter. Er konzentriert sich ausschließlich auf Erwerbsarbeit, das heißt bezahlte Arbeit in ökonomischen Wertschöpfungsprozessen. Hier zählt eine möglichst hohe Arbeitsproduktivität, also eine möglichst große Wertschöpfung pro bezahlter Arbeitsstunde.

Vor diesem Hintergrund lassen sich aktuell drei Formen einer mit dem Thema Arbeit befassten Politik beobachten – die von der Bundestags-Enquete-Kommission »Wachstum, Wohlstand, Lebensqualität« im Jahr 2013 herausgearbeitet wurden:

Politik der weiteren Produktivitätssteigerung und Ausweitung der Erwerbsarbeit. Dies ist die dominante Form aktueller Arbeitspolitik. Sie ist besorgt über eine abnehmende Wachstumsdynamik, die geringere internationale Wettbewerbsfähigkeit der deutschen Volkswirtschaft und den demographischen Wandel, durch den immer weniger Arbeitskräfte zur Verfügung stehen. Ihr Ziel ist es, mehr Erwerbstätige für den Arbeitsmarkt zu mobilisieren und dazu insbesondere die Berufstätigkeit von Frauen zu fördern, die Lebensarbeitszeit zu verlängern und bisher Unterqualifizierte in den Arbeitsmarkt zu integrieren.

Gleichzeitig wird Arbeit weiter an die Bedingungen des internationalen Wettbewerbs angepasst – beispielsweise durch flexible Arbeitszeiten oder die Lockerung des Kündigungsschutzes. Arbeitnehmerinnen und Arbeitnehmer werden im Gegenzug dafür qualifiziert, besser mit individuellem Stress umzugehen, sodass sie die durch die Flexibilisierung entstehenden Belastungen besser beherrschen können.

Dies ist eine Arbeitspolitik des »Weiter so«, die auf die Fortsetzung des bestehenden Wachstumsmodells setzt – auch unter sich verschärfenden ökonomischen Bedingungen. Gutes Leben erscheint in diesem Modell nur mit noch mehr materiellem Wohlstand möglich, warum es gilt, die Lebensentwürfe noch konsequenter an den Bedingungen eines globalisierten Arbeitsmarktes auszurichten und den Anstieg materiellen Wachstums auch künftig zu gewährleisten.

So entwickelt sich die Paradoxie unseres Wirtschaftssystems, die der Soziologe Daniel Bell schon in den 70er-

Jahren beschrieben hat: Wir leben zunehmend in zwei kulturell völlig unterschiedlichen Welten. In der Arbeitswelt gelten Tugenden wie Leistung, Sparsamkeit, Verzicht auf individuelle Bedürfnisse und Anpassungsfähigkeit, um den Anforderungen des internationalen Wettbewerbs gerecht zu werden. In der Freizeit werden wir aufgefordert, Müßiggang, Hedonismus und – nicht zu vergessen – Konsum zu praktizieren. Dieser Widerspruch wird durch eine Arbeitspolitik der weiteren Produktivitätssteigerung weiter verschärft.

Das Konzept der guten Arbeit. Zumindest auf eine Abschwächung des Widerspruchs setzt das Konzept der »guten Arbeit«. Erwerbsarbeit steht auch hier im Zentrum der Arbeitspolitik. Aufgabe der Politik ist bei diesem Ansatz aber primär, durch politische Rahmensetzung für eine hohe Qualität von Arbeit zu sorgen: Es geht darum, gesundheitsschädliche Arbeitsbedingungen zu vermeiden, den Einfluss und die Handlungsspielräume von Erwerbstätigen auf ihre Arbeitsbedingungen zu erhöhen und die Arbeitsbedingungen nach den Ansprüchen der Arbeitnehmer zu flexibilisieren – etwa durch mehr Flexibilität für die Wahrnehmung von Betreuungs- und Pflegeaufgaben, die Möglichkeit von Sabbaticals und eine bessere Aufteilung der Lebensarbeitszeit. Eine besondere Rolle kommt dabei der Geschlechtergerechtigkeit zu. Es zeigt sich nämlich, dass Frauen im Durchschnitt für ihre Arbeit nicht nur schlechter bezahlt werden als Männer, sondern auch ihre Arbeitszeitwünsche im Arbeitsmarkt sehr viel schlechter durchsetzen können.

Gute Arbeit zielt deswegen auch auf eine geschlechtergerechte und angemessene Bezahlung von Arbeit ab, die ein materiell angemessenes Leben ermöglicht.

»Gute Arbeit« erscheint als vielversprechender Ansatz, um Arbeit und »gutes Leben« besser in Einklang zu bringen. Durch die Konzentration auf Erwerbsarbeit entkommt der Ansatz aber nicht der Kraft von globalen Markt- und Wettbewerbslogiken. Denn wie viel gute Arbeitsbedingungen politisch in einem internationalen Wettbewerbsumfeld durchzusetzen sind, ist eine offene Frage. Es ist gut, wenn Politik versucht, diese Möglichkeiten auszuloten – gerade auch weil ein wichtiger Teil der Erwerbsarbeit nicht internationalen Wettbewerbsbedingungen ausgesetzt ist. Die Reichweite ihrer Wirkung ist aber nur schwer abzuschätzen.

Ganzheitliche Arbeitspolitik. Vor diesem Hintergrund lohnt der Blick auf eine ganzheitliche Arbeitspolitik, die sich nicht alleine auf Erwerbsarbeit konzentriert, sondern die vielen Formen von Nichterwerbsarbeit mit in den Blick nimmt: Sorge-, Pflege- und Familienarbeit, bürgerschaftliches Engagement sowie neue Formen der Selbstversorgung. Ein Großteil gesellschaftlicher Wertschöpfung wird in diesen Bereichen erbracht, ohne dass diese sich im Bruttoinlandsprodukt niederschlägt. Nach Erhebungen des statistischen Bundesamts werden auch in Deutschland mehr Arbeitsstunden in Nichterwerbsarbeit als in Erwerbsarbeit erbracht.

Die Bedeutung der Nichterwerbsarbeit steigt in der Gesellschaft zugleich weiter an. Durch den demographischen Wandel wächst die Zahl älterer Menschen, die sich nach ihren Erwerbsleben in vielfältiger Form engagieren. Neue Formen der Selbstversorgung und Autarkie in alternativen Lebensprojekten gewinnen auch bei jungen Menschen an Bedeutung.

Es spricht also vieles dafür, eine Arbeitspolitik zu entwerfen, die alle Formen der Arbeit gleichberechtigt in den Blick nimmt und sich insbesondere des Zusammenspiels von Erwerbs- und Nichterwerbsarbeit annimmt. Die damit verbundenen Herausforderungen sind erheblich, da unsere sozialen Sicherungssysteme auf einem System der Erwerbsarbeit aufbauen. Zudem sind Anerkennungs- und soziale Integrationsmuster bei der Nichterwerbsarbeit bei weitem noch nicht in dem Ausmaß etabliert wie bei der Erwerbsarbeit.

Dennoch eröffnet eine erweiterte Arbeitspolitik Perspektiven für ein gutes Leben jenseits von weiteren Steigerungen des Bruttosozialprodukts. Es lohnt sich daher,

Ansätze einer ganzheitlichen Arbeitspolitik in den kommenden Jahren zu erproben und weiterzuentwickeln. Suffizienzpolitik braucht einen erweiterten Blick auf Arbeit und den Mut zu Experimenten.

Bausteine sind einmal Arbeitszeitmodelle, die neue Formen des Nebeneinanders von Erwerbs- und Eigenarbeit ermöglichen. Genau so wichtig ist die Weiterentwicklung unserer sozialen Sicherungssysteme, um diese von Erwerbsarbeit unabhängiger zu machen. Der Vorschlag eines bedingungslosen Grundeinkommens ist dabei nur ein, wenn auch kontrovers diskutierter, Vorschlag.

Bildung für ein gutes Leben

Nachhaltigkeit erfordert eine massive Verringerung des Energie- und Ressourcenverbrauchs in den Industriestaaten – und das bedeutet auch eine Verringerung der individuellen Ansprüche. Aber wir leben in einer Konsumkultur und wollen immer »weiter, schneller, mehr«; wir konkurrieren miteinander in einer erfolgsfixierten Gesellschaft und messen unseren Status vor allem an Einkommen und Vermögen.

Ein schlichtes Kürzungsprogramm für den Konsum reicht nicht aus, um zu einem suffizienten Lebensstil zu gelangen – wir müssen den Wohlstand an Gütern, Zeit und Beziehungen neu denken und gewichten. Wesentlich ist hierfür eine Bildung, die nicht vorrangig auf wirtschaftliche Verwertung ausgerichtet ist, sondern das ganze Leben im Blick hat. Eine Bildung, die Menschen befähigt, ein sinnvolles, selbstbestimmtes Leben zu führen und ihre vielfältigen Bedürfnisse wie Gesundheit, Sicherheit, Respekt, Entfaltung der Persönlichkeit, Harmonie mit der Natur, Freundschaft und Muße zu befriedigen und auf ihre eigene Art glücklich zu werden – ohne dass dies auf Kosten des Glücks von anderen geht.

Eine solche Bildung umfasst – neben dem bisher im Mittelpunkt stehenden Erwerb von Wissen – auch lebenspraktische, handwerkliche und musische Tätigkeiten. Diese Bildung ermöglicht Menschen Bestätigung und Selbstverwirklichung auch außerhalb der Berufswelt. Sie befähigt sie zu Tätigkeiten im Haushalt, in der Familie und in ehrenamtlichem Engagement und Partizipationsprozessen. Sie erleichtert eine verstärkte Versorgung mit Gütern, die selbst erzeugt oder repariert sind oder mit anderen geteilt werden. Sie befähigt zu einem ressourcenleichten und beziehungsreichen Lebensstil und verbindet Lebenswissen mit Lebenskunst.

Bildung für eine suffiziente Gesellschaft sollte die soziale, ethische und ästhetische Dimension des Lebens einbeziehen. Orientierungswissen und kritische Reflexion stärken die Urteilskraft für die eigene Lebensführung wie auch für die politische Teilhabe. Eine solche Bildung kann helfen, Freiheit und Kontrolle über das eigene Leben (zurück-)zugewinnen, die Komplexität der Welt sowohl zu verstehen als auch mit ihr umzugehen. Sie kann helfen, sich von den permanenten Wahlmöglichkeiten nicht lähmen zu lassen, nicht ständig maximale Auswahl anzustreben und zu lernen, worauf wir verzichten wollen. Bildung hilft uns bei der Suche nach dem rechten Maß, das immer wieder neu gefunden werden muss.

Die Sehnsucht nach dem einfachen Leben hat vor 150 Jahren schon den US-amerikanischen Schriftsteller und Philosophen Henry David Thoreau zu seinem »Leben in den Wäldern« bewegt. Heute, in einer sehr viel komplexeren Welt spiegelt sich diese Sehnsucht beispielsweise im großen Erfolg der Ratgeberreihe »Simplify your Life« wider oder in den zahlreichen »Land«-Zeitschriften, die die Sehnsucht nach dem einfachen und ländlichen Leben aufgreifen. Alleine das Magazin »Landlust« erreichte 2012 mit einer Million Exemplaren eine höhere Auflage als der »Spiegel«. Dem Glücksversprechen der Konsumwelt laufen viele Menschen unserer Zeit zwar weiterhin hinterher, aber sie werden zunehmend atemlos und fragen sich, ob das Glück in diesem Spurt zu erreichen ist. Stattdessen entwickeln sie eine Sehnsucht nach dem einfachen Leben, das auch ein Glücksversprechen enthält: Das Leben schöner, angenehmer, genussreicher zu machen. Ganz so einfach ist es allerdings nicht. Philosophen und Psychologen sind sich einig: Ohne ein gewisses Maß an Verzicht gibt es keinen Genuss. Und Askese bedeutet nicht darben, sondern flexibel bleiben, freier zu sein von den Umständen, sich um das Wesentliche zu kümmern. Das einfache oder das einfachere Leben ist auch deshalb sinnvoll, weil es zur Stabilisierung der eigenen Welt und zur Stabilisierung der Umwelt beitragen kann. Diese Übereinstimmung zwischen persönlichem Leben und gesellschaftlicher Aufgabe macht zufriedener. Von daher sind die Fragen nach dem guten Leben und dem rechten Maß – die Fragen »Wie will ich / Wie wollen wir in Zukunft leben?« und »Was brauche ich / Was brauchen wir wirklich?« – zentral in einer Bildung für eine nachhaltige Entwicklung.

Bildungsinhalte, die uns auf dem Weg zu einer suffizienten Gesellschaft helfen, müssen also neben dem Wissen verstärkt auch auf das Können setzen, das Zurechtfinden in einer komplexen Welt erleichtern und die Urteilskraft stärken. Bildungsinstitutionen müssen die Erfahrung immaterieller Zufriedenheitsquellen fördern, wie die Selbstwirksamkeit (dass ich etwas erreichen kann), die Sinnkonstruktion (dass mein Tun sinnvoll ist) und die Solidarität des gemeinschaftlichen Handelns. Solidarisches Handeln kann dem Konkurrenzkampf um sozialen Status entgegenwirken, der den materiellen Konsum antreibt. Ob ein eigenes Schulfach »Glück«, wie dies schon praktiziert wurde, die Befähigung zum Glück fördert, sollte diskutiert, erprobt und erforscht werden.

Eine umfassende Kompetenzorientierung hat in der UN-Dekade »Bildung für Nachhaltige Entwicklung« (2005 bis 2014) eine entscheidende Rolle gespielt und wurde in Schulen und Hochschulen, aber auch in Kindergärten und im Bereich der Erwachsenenbildung in zahlreichen Projekten aktiv und innovativ umgesetzt. Darunter sind auch viele, die zu einer suffizienten Lebensweise beitragen. Diese sollten weiter verbreitet werden – denn die eigene Erfahrung ist oft wichtiger als die Wissensvermittlung und weckt ihrerseits das Interesse an Wissen. Deshalb sind Möglichkeiten und Freiräume für Erfahrungen und Experimente – ob individuell oder gemeinschaftlich – so wesentlich. Beide Zugänge – »vom Wissen zum Handeln« und »vom Handeln zum Wissen« – sind Wege zu einem suffizienten Lebensstil.

Verbraucherpolitik

Mit der zunehmenden Industrialisierung ging eine Entfernung des Produzenten vom Konsumenten und damit eine Entpersonalisierung der Verantwortung von Unternehmen einher. Deswegen entstand Ende des 19. Jahrhunderts die Überzeugung, dass der Verbraucher einen rechtlichen Schutz gegenüber den Herstellern benötige. Der

1894 erstmals beschlossene »Mindestschutz« hatte zum Ziel, die Rechtssicherheit der Verbraucher, die Sicherheit der Produkte, den Schutz von Umwelt und Gesundheit zu verbessern und die Konsumenten durch Information, Bildung und Beratung zu besseren Kaufentscheidungen zu befähigen. Für Ludwig Erhard hatte der rechtliche Schutz des Konsumenten in der sozialen Marktwirtschaft einen hohen Stellenwert, um ihn gegenüber den tendenziell in der mächtigeren Position befindlichen Unternehmen zu unterstützen. Gleichzeitig sollte auch die Marktmacht großer Unternehmen begrenzt werden. Für ein produktives und ausgewogenes Zusammenwirken der Kräfte in der sozialen Marktwirtschaft sah Erhard deshalb das Kartellgesetz und das Gesetz gegen unlauteren Wettbewerb als konstitutiv an.

Grundpfeiler der Verbraucherpolitik sind seitdem die Gewährleistung eines funktionierenden Wettbewerbs, die Markttransparenz und die Gewährleistung individueller Schutzrechte. Damit ist das Ziel verbunden, dass Menschen gute und preiswerte Produkte kaufen können, dass sie dies informiert tun können und dass sie Schutzrechte im nationalen oder im EU-Rahmen haben.

Inzwischen stellen sich der Verbraucherpolitik aber neue Anforderungen: Das Leitbild der Nachhaltigkeit mit seinem weltweiten und generationenübergreifenden Gerechtigkeitsanspruch erfordert nicht nur, das Wohlergehen des einheimischen Konsumenten zu sehen, sondern auch die Herstellungsbedingungen der Produkte in den weltweiten Lieferketten im Blick zuhaben. Konnte man früher bei der Herstellung in Deutschland oder Europa noch von einem einigermaßen abgesicherten Schutzniveau bei den Arbeitsbedingungen ausgehen, so führte die Verlagerung in Schwellen- und Entwicklungsländer mit sehr ungenügenden oder gar nichtkontrollierten Schutzregelungen zwar zu niedrigen Verbraucherpreisen, aber häufig auch zu unzumutbaren Arbeitsbedingungen und massiven Gesundheits- und Umweltfolgen. Zunächst waren diese Folgen der Externalisierung von Kosten zu Lasten von Mensch und Natur vielen Konsumentinnen und Konsumenten nicht bewusst. Aufklärung von Nichtregierungsorganisationen aus den Bereichen Menschenrechte, Umwelt und Kirche hat mittlerweile ein Bewusstsein für die hohen Kosten billiger Preise geschaffen, das zu der gängigen »Geiz ist geil«-Einstellung im Widerspruch steht. Zivilgesellschaftliche Initiativen, die Standards zu fairem Handel oder zur nachhaltigen Produktion einzelner Produktgruppen entwickeln, versuchen Handlungsmöglichkeiten für Verbraucherinnen und Verbraucher zu schaffen, die sich ihrer weltweiten Verantwortung beim Kaufen nicht nur bewusst sind, sondern danach handeln wollen. Erfreulicherweise steigt der Anteil dieser Konsumentinnen und Konsumenten zwar langsam, aber kontinuierlich an.

Hier hat Verbraucherpolitik die Aufgabe, sich auch international für Standards bei Menschenrechten und menschenwürdigen Arbeitsbedingungen wie auch beim Schutz von Umwelt und Natur einzusetzen und den Verbrauchern die Möglichkeit für einen international verantwortlichen Konsum zu erleichtern. Verbraucherpolitik sollte die Konsumentinnen und Konsumenten darauf vorbereiten, dass die Zeiten des billigen Konsums auf Kosten anderer zu Ende gehen, dass höhere Preise bei fairen Bedingungen die Folge sein werden und Einschränkungen in der Menge der Konsumgüter auf sie zukommen. Auch durch die Preissteigerungen für Energie und Ressourcen, die infolge von zunehmender Ressourcenknappheit und Klimaschutz kommen werden, werden sich Endprodukte voraussichtlich verteuern. Hier sollte Verbraucherpolitik nicht generell das Ziel möglichst niedriger Preise für alle verfolgen, sondern sich dafür einsetzen, die sozialen Probleme, die sich für einkommensschwache Gruppen ergeben, durch verstärkte Beratung über Einsparmöglichkeiten, neue Finanzierungslösungen und mit Mitteln der Sozialpolitik zu lösen.

Die Reflexion über die Menge der Konsumgüter erweist sich auch als notwendig aus dem grundlegenden Ansatz der Nachhaltigkeit heraus, Energie und Ressourcen weltweit gerechter zu nutzen. Dies führt zu der politischen Forderung nach Nachhaltigkeitszielen in den Industriestaaten, den Energie- und Ressourcenverbrauch bis 2050 um 80 bis 90 Prozent zu reduzieren. Diese Größenordnung kann man auch für die Reduzierung des Energie- und Ressourcenverbrauchs, der für Konsum aufgewandt wird, annehmen. Mit einer Umorientierung der Konsumentinnen und Konsumenten hin zu einem »nachhaltigen Konsum« und einem entsprechend ressourcen- und energiesparenden Produktangebot soll dies erreicht werden.

So wichtig diese vor allem auf Effizienz ausgerichteten Anstrengungen sind, so wichtig wäre eine Verbraucherpolitik, die das Ziel der Nachhaltigkeit verfolgt und dazu auch Suffizienzstrategien miteinbezieht. Das bedeutet, dass die oben beschriebenen Leitlinien der »vier E« (Entschleunigung, Entflechtung, Entrümpelung, Entkommerzialisierung) auch Orientierungslinien für die Verbraucherpolitik werden sollten. Konkret könnte dies unter anderem bedeuten, stärker das Problem der geplanten Obsoleszenz gesetzlich anzugehen und auch dafür zu sorgen, dass Verbraucherinnen und Verbraucher beim Kauf erkennen können, ob die Produkte reparierbar sind.

Verbraucherpolitik erhält damit neue Aufgaben: Sicher gilt es weiterhin, für qualitativ gute Produkte zu sorgen, Konsumenten zu informieren und sie in ihren Rechten zu stärken – aber mit einer durchaus anderen Gewichtung: Die Verbraucherbildung und -beratung der neuen Art wird die kritische Kompetenz stärken. Sie wird nicht fragen, welcher große Fernseher am energiesparendsten ist, sondern auch die Frage aufwerfen, wie groß ein neuer Fernseher überhaupt sein soll und wie viele Geräte der Haushalt denn benötigt? Sie wird die Frage nach der Nullvariante, dem Nichtkauf und nach Alternativen stellen. Sie wird stärker darauf abzielen, sich über die Bedürfnisse, die hinter dem Kaufwunsch stehen, klarzuwerden und sie wird die ökologischen und sozialen Folgewirkungen eines Kaufs mit in die Abwägung einbeziehen. Sie wird schließlich einladen, über die Beziehung von Güterbesitz und Glück nachzudenken.

Eine neue Verbraucherpolitik wird darüber hinaus der Werbung engere Grenzen setzen. Sie wird auch die durch die neuen Informationstechnologien möglichen Auswertungen von Verbraucherprofilen rechtlich restriktiv regeln. Sie wird aggressive Werbung zu Kreditkäufen und zur Kreditaufnahme einschränken und die Schuldnerberatungen ausbauen. Nicht nur öffentliche Haushalte brauchen Schuldenbremsen.

Aber in einer suffizienzorientierten Gesellschaft wird es neben den Verbrauchern, die ihre Bedürfnisse über die Marktprodukte und -dienstleistungen befriedigen, auch zunehmend Menschen geben, die Produkte selbst oder gemeinsam mit anderen zur Eigenversorgung herstellen und Dienstleistungen (wie Reparaturen, Beratungen oder Unterstützungen) ohne Entgelt leisten – sei es im eigenen Heim, in gemeinsamen Werkstätten oder in Wohnprojekten. Hier sollte diskutiert werden, inwieweit eine Unterstützung durch die Politik nötig und möglich ist – etwa durch die Entwicklung rechtlicher Rahmen für neue Modelle, neue Eigentums-, Nutzungs- und Arbeitsformen. Zu klären wäre auch, welche Experimente neuer, weniger konsumorientierter, gemeinschaftlicher Lebensformen unterstützt und welche gesellschaftlich wichtigen Erkenntnisse aus begleitender Forschung gewonnen werden können.

Letztlich wird das grundsätzliche Spannungsfeld zwischen Wachstum, Nachhaltigkeit und Suffizienz bei der Verbraucherpolitik besonders deutlich: Der politische Mainstream möchte den Konsum als Motor des Wirtschaftswachstums erhalten – auch in der Variante des nachhaltigen Konsums. Welche Chancen bestehen dann überhaupt, die Unterstützung des selbstgewählten Nichtkonsums politisch zu verankern? Wäre es denkbar, dass eine Nachhaltigkeitskampagne des Verbraucherministeriums Werbung für suffiziente Lebensstile macht?

Kapitel V
Zivilgesellschaft, Unternehmen und Wissenschaft als Akteure für Suffizienzpolitik

Die letzten Kapitel haben gezeigt, wie durch eine Reihe von politischen Maßnahmen Bedingungen geschaffen werden können, die ein gutes Leben leichter machen. Es sind Konturen einer umfassenden Suffizienzpolitik, die in einer systematischen Annäherung erarbeitet wurden.

Es gibt bereits verschiedene suffizienzpolitische Ansätze und Projekte, doch Suffizienzpolitik ist bisher weit davon entfernt, Eingang in politische Programme zu finden. Zwar gibt es sowohl in der Gesellschaft als auch im politischen Bereich einen Bedarf nach Neuorientierung, wie auch die Einrichtung der schon genannten Enquete-Kommission zeigt, aber zunächst einmal ist jede Neuorientierung mit Unsicherheiten und Widerständen verbunden, zumal Suffizienzpolitik eine Alternative zur dominanten ökonomischen Wachstumspolitik schaffen kann. Auf Wachstumspolitik aber haben sich alle politischen Parteien festgelegt.

Deshalb braucht der politische Wandel zu einer Suffizienzpolitik einen vorangehenden und gleichzeitigen gesellschaftlichen Wandel, in dem die Perspektiven einer neuen Politik sichtbar werden und in dem zunehmend Unterstützung für eine Umorientierung hörbar wird.

Für den gesellschaftlichen Wandel kommt drei Bereichen eine hohe Bedeutung zu – als Akteure und Katalysatoren für eine Suffizienzpolitik:

Zivilgesellschaft. Je mehr Menschen, Initiativen und zivilgesellschaftliche Organisationen von Umweltverbänden über Kirchen bis zu Gewerkschaften eine Umorientierung unserer Wohlstandspolitik einfordern, desto besser wird der Boden für eine politische Umsetzung bereitet.

Unternehmen. Wenn sich zeigt, dass eine Umorientierung zum guten Leben auch mit neuen unternehmerischen Chancen verbunden ist, wird zumindest bei einem Teil der Unternehmen die Bereitschaft steigen, diese zu unterstützen. Auch der ökologische Umbau seit den 1980er-Jahren ist entscheidend durch Pionierunternehmen vorangetrieben und stabilisiert worden.

Wissenschaft. Wie neue Politiken im Detail ausgestaltet werden können, welche Wirkungen auf einer gesamtgesellschaftlichen Ebene zu erwarten sind – das sind Fragen, die sich wissenschaftlich untersuchen lassen und durch ihre Ergebnisse eine politische Neuorientierung erleichtern können.

Die Ansatzpunkte in allen drei Feldern stehen im Folgenden im Mittelpunkt.

Zivilgesellschaft

Die letzten Jahre haben nachdenklich gestimmt: Durch die Wirtschafts- und Finanzkrise haben viele Menschen den Glauben an die Verlässlichkeit traditioneller, rein individualistisch und materiell geprägter Karrieremuster und Absicherungen verloren. Das hat die Offenheit für persönliche Umorientierungen gestärkt. In Kommunen ist angesichts der Finanznot die Bereitschaft gewachsen, Suffizienzprojekte zu unterstützen, weil sie wenig kosten, den sozialen Zusammenhalt stärken und positiv auf das Lebensgefühl in einer Stadt wirken können. Wissenschaftliche Erkenntnisse und vielfältige persönliche Erfahrungen mit Rebound- und Wachstumseffekten bezüglich Effizienzsteigerungen lassen bei immer mehr Menschen das Vertrauen schwinden, dass mit Technik alleine eine zukunftsfähige Entwicklung möglich sei.

All dies hat das gesellschaftliche Klima geändert, in

dem heute über Lebensstile diskutiert wird und in dem neue Lebensstile vermehrt ausprobiert werden. Wurde das Thema Lebensstile lange als freundlich schöngeistig oder als unangemessen moralisch abgetan, trifft es inzwischen immer mehr das Lebensgefühl einer jungen, unkonventionellen Generation, insbesondere in den Städten. »Urban Gardening« transportiert einen anderen Flair als der »Schrebergarten«, die »Transition Town« klingt munterer und aktivierender als die »Agenda 21«. Wenn auch für manch Aktiven der älteren Generation manchmal verwunderlich und gelegentlich auch frustrierend, so ist es letztlich hoch erfreulich, dass das Thema jetzt »in« ist und seinen moralinen Ballast verliert.

In diesen jungen und vornehmlich städtischen Milieus ist eine Dynamik für suffizientes Leben entstanden. Es gibt zahlreiche Initiativen und Projekte, die nicht nur über das gute Leben diskutieren, sondern es selbst leben wollen; die nicht auf Politik und Strukturveränderungen warten, sondern ihr eigenes Leben verändern und sich dafür Handlungsräume schaffen wollen. Die »Do it yourself« und »Do it together« ausprobieren wollen. Die mit Spontaneität, Kreativität, Selbstorganisation und »Crowdfunding« ihre Ideen und Träume Realität werden lassen. Eine Realität, die auch andere fasziniert und ansteckt, über die es einen internationalen Austausch gibt – über Projekte und Erfahrungen und mit praktischen Handlungsanleitungen wie etwa mit dem »Transition Compendium« der internationalen »Transition-Town-Bewegung«.

Dies alles ist Ausdruck für einen umfassenden (zivil-) gesellschaftlichen Wandel, der den Boden für eine Suffizienzpolitik bereitet. Denn diese gibt den vielfältigen Experimenten Raum und kann aus Pionierprojekten von wenigen mögliche Alternativen für viele werden lassen.

So bunt und unkoordiniert diese Bewegung für die Gemeingüter, die »Commons«, ist, so stellt sie doch die Marktlogik und – mit ihrer Betonung des Gemeinsinns und der Kooperation – den individualistischen »Homo oeconomicus« in Frage. Wenn diese Bewegung sich ausbreitet, wenn sie mehr wird als eine liebenswürdige Nische oder eine sozial entlastende Lebensform, dann werden zwangsläufig bestehende politische und wirtschaftliche Interessen berührt. Deswegen darf Suffizienz nicht nur aus Suffizienzprojekten bestehen, sondern sollte als politisches Thema ernst genommen werden, damit die Politik förderliche Rahmenbedingungen für eine Ausbreitung auch innerhalb bestehender Strukturen schafft. Deshalb ist es so wichtig, dass gesellschaftliche und politische Debatten über Wachstum, Nachhaltigkeit und gutes Leben geführt werden und eine Umorientierung befördern. Für die politische Umsetzung muss aus den unterschiedlichen Bewegungen (traditionellen wie neuen) eine politische Kraft für eine Transformation zu Suffizienz und Wachstumsunabhängigkeit entstehen.

Etablierte zivilgesellschaftliche Organisationen – gerade solche mit dezentralen Strukturen und aktiven Mitgliedern vor Ort – spielen hier eine zentrale Rolle. Sie haben die Chance, gutes Leben für den Einzelnen und praktische Projekte und das Engagement für Suffizienzpolitik miteinander zu verbinden. Und sie können dies auf den unterschiedlichen Handlungsebenen von Kommune, Region und Land sowie auf nationaler, europäischer und internationaler Ebene. Sie sind Schlüsselakteure, wenn es um Bürgerbeteiligung und bürgerschaftliches Engagement geht.

Den **Umweltverbänden** kommt in der Diskussion über eine Suffizienzpolitik eine besondere Bedeutung zu. Schon in den 1970er-Jahren kritisierten sie Wachstumspolitik, Konsum und Verschwendung. Sie haben sich früh mit dem Konzept der Nachhaltigkeit und seiner Konkretisierung auseinandergesetzt und sich dieses Leitbild zu eigen gemacht.

Die Forderungen nach einem sparsamen Umgang mit Energie, Ressourcen und Fläche sind der Kern ihrer politischen Arbeit; ebenso die Überzeugung, dass technische Verbesserungen zwar hilfreich aber nicht ausreichend sind, sondern ein kultureller Wandel und eine Veränderung der Lebensstile dazugehören. Insbesondere der größte deutsche Umweltverband »BUND« hat zusammen mit den entwicklungspolitischen Hilfswerken »Misereor« und »Brot für die Welt« mit den Studien zu einem »Zukunftsfähigen

Deutschland« (1996 und 2008, erarbeitet vom »Wuppertal Institut«) die Debatte um weltweite und generationenübergreifende Verantwortung und um neue Konsum- und Lebensstile in eine breite Öffentlichkeit getragen.

Die Bildungsarbeit der Umweltverbände stärkt mit ihrer Vermittlung von Wissen und praktischem Können, von Naturerfahrung und Naturerleben die Fähigkeit, den eigenen Weg zu einem individuellen guten Leben in Verantwortung zu finden. Hier können die Veränderung des eigenen Lebensstils und die Notwendigkeit, sich für eine Veränderung von Strukturen zu engagieren, miteinander verbunden werden.

Für die Umweltverbände sind Suffizienz und Suffizienzpolitik also keine neuen Felder. Aber sie können sich heute in einer veränderten gesellschaftlichen Situation neu die Frage stellen, wie sie strategisch mit dem Thema umgehen wollen. Umweltverbände haben kein Eigeninteresse an der Fortsetzung der Steigerungslogik. Dank ihrer Unabhängigkeit können sie mutig sein und sich für Suffizienz stark machen. Sie können ihre Forderungen in verschiedenen Politikfeldern auf Suffizienzpolitik ausrichten, beispielsweise in der Verkehrspolitik, in der Landwirtschaftspolitik oder in der Abfallpolitik. Mehr Energieeffizienz ist nötig, aber dafür setzen sich inzwischen viele ein. Sie ist bereits zu einem Geschäftsfeld für zahlreiche Unternehmen und Branchen geworden. Für das Thema Suffizienz ist eine solche Entwicklung ebenfalls möglich, steht aber noch aus (wie der nachfolgende Abschnitt zeigt). Umweltverbände als zivilgesellschaftliche Organisationen spielen hierbei eine wichtige Rolle – mit ihrer demokratischen Willensbildung, mit ihren Strukturen, mit ihrer öffentlichen Wirkung und ihren politischen Einflussmöglichkeiten: Sie können neue Konzepte entwickeln und Visionen wagen, sie können die Alternativen zum »Weiter, Schneller, Mehr« in Projekten konkret machen, im eigenen Umfeld stilprägend sein und ihre Mitglieder als Suffizienzakteure motivieren. Sie können gleichzeitig Sand ins Getriebe der Steigerungslogik streuen, durch Blockaden Zeit gewinnen, durch öffentlichen Druck zum Nachdenken anregen und andere Lösungen – vor allem auch durch Bürgerbeteiligung – durchsetzen. Sie können mitwirken, das resignative »Alternativlos« zum Mut machenden »Eine andere Welt ist möglich« zu wandeln.

Doch ist das Thema Suffizienz bei weitem nicht nur eines für die Umweltverbände. Ein weiterer wichtiger Akteur sind die **Kirchen**. Gutes Leben, Gerechtigkeit, ein Miteinander jenseits von Eigeninteressen sind hier zentrale Themen und ein wichtiges Element nicht nur des christlichen Wertekanons. Die evangelischen Kirchentage sind alle zwei Jahre ein wichtiges Zeitzeichen dieser Debatten. Der evangelische Kirchentag in Hamburg im Jahr 2013 stand unter der Losung »Soviel du brauchst«. Er war somit auch ein Ausdruck dafür, welche Ausstrahlung die Debatte über gutes Leben jenseits von rein materiellen Gütern gesellschaftlich und kirchlich aktuell hat. Mit der auf Gerechtigkeit und die Armen der Welt setzenden Programmatik des neuen Papstes Franziskus ist das Thema auch in der katholischen Kirche von besonderer Aktualität.

Auch für **Gewerkschaften** ist »gutes Leben« ein zentrales Thema. Das Streben nach einem solchen guten Leben für möglichst viele stand am Beginn der Arbeiterbewegung im 19. Jahrhundert. Dort ging es neben Kernforderungen nach besseren gesetzlichen Regelungen der Arbeitszeiten und Arbeitsbedingungen sowie zum Gesundheitsschutz auch um den Einsatz für gemeinschaftliche Einrichtungen wie bessere Einkaufsmöglichkeiten, Gärten für die Eigenversorgung, Bildung und Erholung. Die damals sehr lebendige Arbeiterkultur hat gerade in ihren praktischen Projekten der Selbsthilfe und mit ihren über Materielles hinausgehenden Zielen viele Berührungspunkte mit Ansätzen in aktuellen Bewegungen.

Die Forderung nach allgemeiner Arbeitszeitverkürzung – noch Ende der 1980er-Jahre Bestandteil gewerkschaftlicher Programmatik – hat in den Gewerkschaften zwar an Gewicht verloren, aber Teilzeit, Eltern- und Pflegezeiten oder Sabbaticals sind inzwischen zu festen gewerkschaftlichen Themen geworden. Dabei stellt das Thema Suffizienzpolitik für die Gewerkschaften eine sehr viel größere innere Herausforderung dar als für Umweltverbände und Kirchen. Denn die Orientierung an Erwerbsarbeit, Vollzeitstellen und Lohnzuwächsen bleibt wichtiges Element gewerkschaftlicher Politik. Und die Fortsetzung ökonomischen Wachstums wird dann schnell zur dominanten Krisenantwort.

Umso eindrucksvoller ist es, dass sich die deutschen Umweltverbände, Kirchen und Gewerkschaften im Jahr 2012 zum 20-jährigen Jubiläum der »Konferenz für Umwelt- und Entwicklung« in Rio de Janeiro zu einem nationalen »Transformationskongress« zusammenfanden, um zu bekräftigen, wie wichtig eine umfassende gesellschaftliche Transformation aus der Perspektive aller drei Bewegungen ist. Mit dem Kongress wurde ein Plattform für die engere zukünftige Zusammenarbeit bei der Suche nach gesellschaftlichen Alternativen geschaffen. Ein wichtiges verbindendes Glied ist dabei die Gerechtigkeitsfrage. Alle Organisationen sind sich dabei einig, dass ein einfaches ökonomisches »Weiter so« keine Antwort auf national und international immer größer werdende Gerechtigkeitsdefizite geben kann und hier eine große Bedrohung für gutes Leben liegt. Um eine mutige Suffizienzpolitik einzufordern, ist die Zivilgesellschaft der zentrale Akteur.

Wirtschaft

Wie dynamisch und innovativ ist eine »suffiziente« Gesellschaft, also eine Gesellschaft, die nach neuen Gleichgewichten jenseits eines »Schneller«, »Globaler«, »Mehr« und »Kommerzieller« sucht? Oft besteht die Sorge, dass ein Ausstieg aus den Steigerungsimperativen der Moderne einhergeht mit Stagnation und Eintönigkeit.

Vermutlich ist genau das Gegenteil der Fall. Eine Gesellschaft, die den richtigen Ausgleich zwischen zu viel und zu wenig, zwischen Be- und Entschleunigung, zwischen Markt und Eigenarbeit, zwischen Globalem und Lokalem sucht, ist bunter und bedarf sehr viel mehr Fantasie als eine, die lediglich linearen Steigerungslogiken folgt.

Daher bedeuten die »vier E«, die wir im Buch als Orientierungspunkte für Suffizienzpolitik dargestellt haben, auch eine große Chance für Unternehmerinnen und Unternehmer. Eine suffiziente Wirtschaft wird weniger kommerzialisiert sein als heute. Klassische ökonomische Tätigkeit bleibt aber zentrales Element des Wirtschaftens und erfordert ein mindestens gleiches Maß an Kreativität und Unternehmertum. Schon heute zeigt sich, dass die Neuorientierung Geschäftschancen eröffnet, die man auf den ersten Blick nicht vermutet:

Vom Entrümpeln zur Share-Economy. Das »Entrümpeln«, die Idee des Weniger, hat als kultureller Trend wichtige

Lebens- und Produktbereiche ergriffen. Viele junge Menschen – gerade in den großen Städten – möchten kein eigenes Auto mehr besitzen. Es hat den Reiz als Statussymbol verloren, die notwendige Pflege sowie die mühsame Parkplatzsuche in der Stadt lassen das eigene Auto mehr zur Last denn zur Lust werden. Automobilhersteller haben darauf reagiert. War Carsharing anfangs eine selbstorganisierte Form alternativer Mobilität in ökologisch-sensiblen Kreisen, gibt es heute entsprechende Angebote von allen führenden Automobilherstellern. Intelligente Nutzung mit weniger Automobilen wird zum Geschäftsmodell. Die gemeinsame Nutzung von Autos ist dabei erst der Anfang einer »Share-Economy«. Durch die Möglichkeiten der neuen Medien greift sie inzwischen auf viele andere Gebrauchsgüter über. Die größte Computermesse der Welt, die »Cebit«, widmete deswegen im Jahr 2013 ihren Schwerpunkt diesen Entwicklungen. In vielen Lebensbereichen greift ein neuer Purismus um sich – von Eingangs-(Singlespeed-) Fahrrädern bis zur reduzierten Wohnungseinrichtung – und braucht Unternehmerinnen und Unternehmer, die dafür Produkte und Dienstleistungen anbieten. Wichtig ist dabei, dass einfache und reduzierte Produkte nicht reiner Zusatzkonsum werden. Denn dann handelt es sich lediglich um einen »Suffizienzrebound«, das heißt Suffizienz als Auslöser für Mehrkonsum. Hier hilft es, wenn es viele Unternehmen gibt, die selber wachstumsneutral sind, ihre

Strategie also nicht auf Wachstum auslegen. Davon gibt es heute schon eine ganze Reihe.

Entschleunigung als Marktchance. Ähnliches lässt sich beim Bedürfnis nach einem neuem Rhythmus als richtiges Maß zwischen Be- und Entschleunigung beobachten. Die Slow-Food-Bewegung beispielsweise erlebt in den letzten Jahren massiven Zulauf. Essen als Oase des bewussten und entschleunigten Genusses wiederzusehen, hat Konjunktur – viele Restaurants haben die Chance für sich entdeckt. Das Gleiche gilt für »Slow Travel« als neues Format des entschleunigten Reisens. Aber auch im industriellen Bereich wurde längst erkannt, dass die Entschleunigung bestimmter logistischer Ketten die Zuverlässigkeit von Lieferungen erheblich erhöhen und Transportkosten senken kann. Die Wiederentdeckung langlebiger Produkte, die reparaturfähig sind und für die ein langfristiger Service besteht, sind eine Antwort auf die zunehmende Ernüchterung über die in den letzten Jahrzehnten entstandene Wegwerfkultur und geplante Obsoleszenz. Ähnlich wie beim Carsharing entwickelt sich hier aus einer Kultur ehrenamtlicher »Reparatur-Cafés« der Keim für neue Geschäftsmodelle. Denn durch den Kulturwandel werden reparable Produkte wieder attraktiv, entsteht der Bedarf für eine neue Form der Qualifizierung und des Informationsaustauschs über das Wieder-Instandsetzen von Produkten.

Entkommerzialisierung als Anreiz für den Wiedererwerb verlorener Fähigkeiten. Und selbst dort, wo es auf den ersten Blick für Unternehmen nichts so holen zu geben scheint, nämlich bei der »Entkommerzialisierung«, locken Möglichkeiten für innovative Unternehmerinnen und Unternehmer. Denn wer selber kochen, reparieren, restaurieren oder Gartenbau betreiben will, muss dafür oft verlorengegangene Fähigkeiten (wieder) erwerben. Hier entsteht ein Markt für Kurse, Ratgeber und Erfahrungsaustauschplattformen.

Entflechtung und Regionalisierung als Trend. Von den Orientierungsmarken der »vier E« ist die Regionalisierung bisher am wirksamsten. Die Wiederentdeckung des lokalen Bezugs als besonderes Produktmerkmal spielt insbesondere bei Lebensmitteln eine große Rolle. Selbst große Fastfoodketten legen heute Wert darauf, dass ein möglichst großer Teil ihrer Vorprodukte aus regionaler Produktion kommt – als Ausdruck einer besonderen Qualität der angebotenen Lebensmittel. Aber auch viele andere Hersteller werben mit dem Argument heimischer Produktion und erreichen damit eine immer größere Zahl an Konsumenten.

Unternehmertum entlang der »vier E« ist heute trotz alledem noch ein Nischenphänomen. Und die Entwicklung zu einer suffizienten Gesellschaft wird sich nicht durch marktliche Impulse alleine vollziehen. Die skizzierten Beispiele zeigen aber, dass auch in einer suffizienten Gesellschaft dynamische und innovative Unternehmen weiter eine wichtige Rolle spielen werden. Eine Gesellschaft, die gutes Leben leichter macht, braucht daher sowohl die richtigen politischen Rahmenbedingungen als auch Unternehmen, die diese Rahmenbedingungen innovativ aufgreifen. Die Blaupause für ein solches Zusammenspiel ließ sich in den letzten 30 Jahren bei den regenerativen Energien beobachten. Auch dort waren es wenige, oft als etwas spinnerte Pioniere angesehene Technikfreaks aus der Umweltszene oder kleine Unternehmer, die Solaranlagen und Windanlagen in den 1970er- und 80er-Jahren in Garagen bauten. Sie zeigten, dass eine andere Energiezukunft technologisch möglich ist. Flankiert von entsprechenden innovativen politischen Ansätzen ist der große Markt für regenerative Energien entstanden und eine komplett regenerative Energieversorgung bis zum Jahr 2050 in greifbare Nähe gerückt.

Ähnlich wie beim Blick auf »Arbeit« ist es wichtig, Unternehmertum im Sinne von »Entrepreneurship« nicht nur auf den kommerziellen Bereich beschränkt zu sehen. »Social Entrepreneurship« hat in den letzten Jahren erheblich an Bedeutung gewonnen. Dahinter verbirgt sich Unternehmertum für soziale Anliegen. Soziale Entrepreneure suchen innovative Lösungen für ökologische und soziale Probleme – neue Organisationsmuster und neue Formen der Zusammenarbeit, etwa um gegen Analphabetismus, Armut, die

Benachteiligung von Frauen oder gegen Gewalt vorzugehen. Als Ergebnis eines solchen Unternehmertums entsteht nicht ein marktfähiges Produkt, sondern eine Lösung für ein soziales Problem. Die Fähigkeiten, die einen Social Entrepreneur auszeichnen sind dennoch mit denen einen klassischen Entrepreneurs vergleichbar: ein gutes Verständnis für die Probleme der Zielgruppe, Kreativität, Experimentierlust und Durchhaltevermögen.

Unternehmen wie die »GLS-Bank« oder die »Elektrizitätswerke Schönau« verknüpfen klassisches Unternehmertum mit Social Entrepreneurship. Bei der GLS-Bank als genossenschaftlicher Bank bestimmen die Kunden mit, wo und wie ihr Geld angelegt werden und »Sinn machen« soll. Die Elektrizitätswerke Schönau verstehen sich nicht nur als Energieunternehmen, sondern als aktiver Akteur für eine Energiewende.

All das macht klar: Auch in einer suffizienten Welt gibt es Wettbewerb und kreatives Unternehmertum. Je stärker diese Form von Unternehmertum, die am guten Leben ausgerichtet ist, sichtbar wird, desto leichter wird es auch, eine Politik umzusetzen, die einen entsprechenden gesellschaftlichen Wandel befördert.

Wissenschaft

Wissenschaft hat auch die Aufgabe, mögliche Zukünfte vorzudenken. Damit unterstützt sie die Entwicklung von gesellschaftlichen und politischen Alternativen. Die Einführung einer ökologischen Steuerreform hat davon profitiert, als erste Studien aufzeigen konnten, dass eine solche Reform nicht mit Arbeitsplatzverlusten, sondern mit mehr Arbeitsplätzen verbunden ist. Die Entscheidungen zur Energiewende im Jahre 2011 wären vermutlich nicht getroffen worden, wenn es nicht im Vorfeld etliche Studien gegeben hätte, die zeigten, dass ein Wechsel zu einer 100 Prozent regenerativen Energieversorgung global und national sowohl technologisch als auch ökonomisch möglich ist.

Doch wenn es um Alternativen zum heutigen Wirtschaften geht – jenseits von Wachstums- und Steigerungslogik – dann versagt die etablierte Wirtschaftswissenschaft kläglich. »Wachstum!« – heißt das vom Magdeburger Wirtschaftswissenschaftler Karl-Heinz Paqué veröffentlichte Buch zur Zukunft des globalen Kapitalismus. In gewisser Weise ist es der programmatische Titel der etablierten wirtschaftswissenschaftlichen Zunft. In der Enquete-Kommission »Wachstum, Wohlstand, Lebensqualität« waren es die in die Enquete-Kommission berufenen etablierten Ökonomen, die es für wenig sinnvoll hielten, über Alternativen zum ökonomischen Wachstums nachzudenken oder alternative Indikatoren zum Bruttoinlandsprodukt zu entwickeln.

Um die Perspektiven einer suffizienten Gesellschaft ökonomisch besser zu verstehen, gilt es, eine noch große Zahl an Forschungsfragen zu beantworten: Wie lassen sich soziale Sicherungssysteme bei zunehmend suffizienten Lebensweisen organisieren? Was sind Motivations- und Anreizmechanismen für ehrenamtliches Engagement und Arbeit? Was sind die Entwicklungschancen suffizienter Gesellschaften im globalen Wettbewerb? Wie weit tragen suffizienzorientierte Geschäftsmodelle in ausgewählten Branchen? Wie wirkt sich die Entkommerzialisierung von bestimmen Lebensbereichen gesamtgesellschaftlich auf den Wohlstand aus? Wie lassen sich alternative Wohlstandsmaße statistisch valide etablieren? Wie müssen Regeln internationalen Handels aussehen, um die nationale Umsetzung von Suffizienzstrategien nicht zu behindern?

Dies sind nur einige wenige Forschungsfragen, die deutlich machen, wie wichtig es wäre, dass zumindest an einigen Orten im Wissenschaftssystem intensiv über Alternativen zur heutigen ökonomischen Entwicklung nachgedacht wird. Dabei sind diese Fragen nicht alleine durch Modelle zu beantworten. Sie brauchen auch neue methodische Zugänge – durch Experimente im Labormaßstab aber auch in Form von realen Feldversuchen.

Die Auseinandersetzung mit Alternativen zum ökonomischen Mainstream findet sich bisher jedoch nur bei ganz wenigen etablierten Ökonomen: So hat beispielsweise der Leiter des »Max-Planck-Instituts zur Erforschung von Gemeinschaftsgütern«, Martin Hellwig, mit seinen Arbeiten in den letzten Jahren wichtige Impulse für die künftige Regulierung von Finanzmärkten gegeben. Ökonomen wie der Leibniz-Preisträger Armin Falk von der Universität Bonn zeigen in international stark beachteten Experimenten auf, wie Marktprozesse unsere Moral untergraben. All dies sind kleine Bausteine auf dem Weg zu einer pluraleren und neuen Ökonomie.

Dabei wächst das gesellschaftliche Bedürfnis nach solchen alternativen Maßstäben und Modellen – gerade bei Studierenden. Viele Studierende der Ökonomie wenden sich von den sie enttäuschenden Studienangeboten an den wirtschaftswissenschaftlichen Fakultäten ab und organisieren selbständig eigene Seminare und Vorlesungen, um sich mit den Fragen auseinanderzusetzen, die sie eigentlich an die Hochschulen geführt haben. Beispiele sind das bundesweite Netzwerk »Wachstumswende« oder die internationale Studierendenbewegung »plurale Ökonomie«.

Den Vordenkern einer neuen Ökonomie wird dabei in Deutschland – noch stärker als im internationalen Bereich – die Aufnahme in die klassische Zunft verwehrt. Der ökonomischen Debatte fehlen damit eine ausreichende

Zahl an Alternativentwürfen sowie Querdenkerinnen und Querdenker. Aber genau diese bräuchte es, um die Diskussion über alternative Perspektiven des Wirtschaftens voranzubringen.

Die Sozialwissenschaften sind in dieser Hinsicht an einigen Stellen schon weiter, wenn auch hier noch einiger Nachholbedarf besteht: Die kritische Auseinandersetzung mit modernen Wachstumsgesellschaften hat dort inzwischen auch die etablierte Wissenschaft erreicht. So hat die »Deutsche Forschungsgemeinschaft« im Jahr 2011 eine große Kollegforschergruppe zum Thema »Landnahme, Beschleunigung, Aktivierung. Dynamik und (De-)Stabilisierung moderner Wachstumsgesellschaften« in der Jenaer Soziologie eingerichtet – geleitet von den Jenaer Soziologen Klaus Dörre und Hartmut Rosa sowie Stephan Lessenich, dem im Jahr 2013 amtierenden Vorsitzenden der »Deutschen Gesellschaft für Soziologie«. Das »Max-Planck-Institut für Gesellschaftsforschung« in Köln wird als wichtigste gesellschaftswissenschaftliche Grundlagenforschungseinrichtung in Deutschland von Wolfgang Streeck geleitet, der sich mit seinen Analysen zu den »vertagten Krise(n) des demokratischen Kapitalismus« sehr kritisch mit den Grenzen des heutigen Wirtschaftssystems auseinandersetzt – wenn auch ohne Berücksichtigung von ökologischen Aspekten. All dies findet nur ein sehr schwaches Pendant in den Wirtschaftswissenschaften.

Auf internationaler Ebene entstehen erste alternative Think Tanks wie das in New York ansässige »Institute for New Economic Thinking (INET)«. Durch die Finanzkrise ist in den USA zumindest etwas Bewegung in die ökonomische Zunft gekommen, auch wenn die Mehrheit der Ökonomen wie auch in Deutschland an klassischen Paradigmen festhält.

Doch wie ließe sich ein Umsteuern im Wissenschaftssystem am besten erreichen? Zentral ist dabei, die Nachdenkkapazität über neue Formen des Wirtschaftens im Wissenschaftssystem erheblich zu erhöhen. Dazu zwei Vorschläge:

1. Es bedarf mindestens **einiger wirtschaftswissenschaftlicher Fakultäten** mit einer kritischen Masse an alternativ denkenden und interdisziplinär arbeitenden Ökonomen. Denn nur dadurch entstehen entsprechende Studienangebote, Promotions- und Nachwuchsqualifizierungsmöglichkeiten und größere Forschungsvorhaben für eine neue Ökonomie. Eine solche Umorientierung in Hochschulstrukturen ist nicht einfach, bietet aber Profilierungschancen für einzelne Standorte und könnte durch entsprechende Förderprogramme unterstützt werden.

2. Neben ausgewählten Hochschulen sollten auch ein bis zwei staatlich geförderte **Vordenkerinstitute** für eine neue

Ökonomie in Deutschland entstehen. Die Mittel dafür sind da. Es gibt heute alleine sechs wirtschaftswissenschaftliche Forschungsinstitute in der durch Bund und Länder geförderten Leibniz-Gemeinschaft. Alle betreiben letztlich sehr konventionelle ökonomische Forschung. Alternative ökonomische Forschung läuft heute fast ausschließlich in freien Pionierinstituten wie dem Mitte der 1980er-Jahre gegründeten »Institut für ökologische Wirtschaftsforschung« (IÖW), die ohne jegliche staatliche Grundfinanzierung auskommen müssen. Es wäre wünschenswert, über mehr heterodoxe ökonomische Think Tanks in Deutschland zu verfügen, die ähnliche finanzielle Forschungsfreiräume haben wie die Institute der konventionellen ökonomischen Forschung. Das Beispiel des »Institute for New Economic Thinking« (INET) in New York zeigt, dass auch private Stifter den Impuls für die Schaffung von alternativen Think Tanks geben können.

Damit gutes Leben einfacher wird, gilt es, Alternativen wissenschaftlich vorzudenken. Darum ist Wissenschaft ein zentraler Akteur für eine Suffizienzpolitik. Um dieses Potenzial gerade in den Wirtschaftswissenschaften zu entfalten, braucht es deswegen auch neue Impulse aus der Wissenschaftspolitik.

ERGO
Suffizienzpolitik mitgestalten

Das vorliegende Buch sollte zeigen: Suffizienz als politische Programm ist möglich und notwendig, um die Bedingungen für gutes Leben zu verbessern. Dabei hat Suffizienzpolitik viele politische Ansatzpunkte, die eng miteinander verzahnt sind. Wir haben sie nach vier Bereichen strukturiert: den Politiken des **E**rmöglichens, des Ordnungs-**R**ahmens, der **G**estaltung in bedürfnisrelevanten Politikbereichen und nach den **O**rientierungslinien für ein suffizientes Leben: langsamer, näher, weniger und anders. Deswegen lautet der Titel dieses Buchfazits auch **ERGO** (lateinisch »also«), um diese vier Zugänge zu symbolisieren (vgl. auch die Übersichtsgrafik auf Seite 165).

Dieses Buch ist ein Anfang. Es möchte Anstoß zu einer Debatte sein, die den Boden für ein neues Politikfeld abstecken soll. Eine solche Absteckung braucht Zeit. Sie muss von Debatten und Diskussionen aus vielen gesellschaftlichen Bereichen ihren Ausgang nehmen – in der Politik, aber auch in der Zivilgesellschaft, in der Wirtschaft und in der Wissenschaft. Das Buch soll in den kommenden Monaten begleitet werden von Vorträgen und Diskussionsveranstaltungen – vor Ort, aber auch im Netz auf dem Blog *www.postwachstum.de*. Wir wünschen uns viele kontroverse und weiterführende Debatten und freuen uns auf Kommentare, Anmerkungen, Ergänzungen und gute Vorschläge per E-Mail unter: suffizienzpolitik@wupperinst.org.

Der ERGO-Rahmen der Suffizienzpolitik

Zitierte und weiterführende Literatur

Baier, Andrea & Christa Müller & Karin Werner: Die Stadt der Commonisten: neue urbane Räume des Do it yourself. Bielefeld 2013.

Bakker, Liesbeth & Reinhard Loske & Gerhard Scherhorn: Wirtschaft ohne Wachstumsstreben – Chaos oder Chance? In: Heinrich-Böll-Stiftung (Hrsg.): Studien & Berichte der Heinrich-Böll-Stiftung, Nr. 2. Berlin 1999.

Bund für Umwelt und Naturschutz Deutschland & Misereor (Hrsg.): Zukunftsfähiges Deutschland. Ein Beitrag zu einer global nachhaltigen Entwicklung. Studie des Wuppertal Instituts für Klima, Umwelt, Energie. Basel/Boston/Berlin 1996.

Bund für Umwelt und Naturschutz Deutschland & Brot für die Welt & Evangelischer Entwicklungsdient (Hrsg.): Zukunftsfähiges Deutschland in einer globalisierten Welt: ein Anstoß zur gesellschaftlichen Debatte. Studie des Wuppertal Instituts für Klima, Umwelt, Energie. Frankfurt am Main 2008.

Diefenbacher, Hans & Roland Zieschank: Woran sich Wohlstand wirklich messen lässt. Alternativen zum Bruttoinlandsprodukt. München 2011.

Enquete-Kommission des Bundestages »Wachstum, Wohlstand, Lebensqualität«: Schlussbericht. Wege zu nachhaltigem Wirtschaften und gesellschaftlichem Fortschritt in der Sozialen Marktwirtschaft. Berlin 2013.

Glauber, Hans: Langsamer, weniger, besser, schöner: 15 Jahre Toblacher Gespräche: Bausteine für die Zukunft. München 2006.

Linz, Manfred: Weder Mangel noch Übermaß. Warum Suffizienz unentbehrlich ist. München 2012.

Miegel, Meinhard & Stefanie Wahl & Elias Butzmann: Lebenswerte Städte unter Bedingungen sinkenden materiellen Wohlstands. Herausforderungen und Maßnahmen. Bonn 2012.

oekom e.V. (Hrsg.): Baustelle Zukunft. Die Große Transformation von Wirtschaft und Gesellschaft. (politische ökologie 133). München 2013.

Organisation for Economic Cooperation and Development (OECD): How's life? Measuring Wellbeing. Paris 2011.

Paech, Niko: Befreiung vom Überfluss. Auf dem Weg in die Postwachstumsökonomie. München 2012.

Rosa, Hartmut: Weltbeziehungen im Zeitalter der Beschleunigung: Umrisse einer neuen Gesellschaftskritik. Berlin 2013.

Sachs, Wolfgang: Die vier E's: Merkposten für einen maßvollen Wirtschaftsstil. In: Politische Ökologie 11 (33). München 1993.

Schneidewind, Uwe: Transformative Wissenschaft. Marburg 2013

Schneidewind, Uwe & Alexandra Palzkill: Suffizienz als Business Case. Nachhaltiges Ressourcenmanagement als Gegenstand einer transdisziplinären Betriebswirtschaftslehre. Wuppertal 2011.

Sedlacek, Tomas: Die Ökonomie von Gut und Böse. München 2012.

Seidl, Irmi & Angelika Zahrnt: Postwachstumsgesellschaft: Konzepte für die Zukunft. Marburg 2010.

Stengel, Oliver: Suffizienz. Die Konsumgesellschaft in der ökologischen Krise. München 2011.

Streeck, Wolfgang: Gekaufte Zeit. Die vertagte Krise des demokratischen Kapitalismus. Berlin 2013.

Welzer, Harald: Selbst denken. Eine Anleitung zum Widerstand. Frankfurt am Main 2013.

Wilkinson, Richard & Kate Pickett: Gleichheit ist Glück. Warum gerechte Gesellschaften für alle besser sind. Berlin 2010.

Dank

Dieses Buch ist von vielen Vor- und Mitdenkern geprägt worden. Es führt Ideen und Diskussionsstränge der Debatten um Wachstum, Nachhaltigkeit und Lebensstile zum Vorschlag eines neuen Politikfeldes zusammen. All den Inspirateuren gilt unser besonderer Dank – zuallererst Manfred Linz, Wolfgang Sachs und Gerhard Scherhorn, den »Grandsseignieurs« der Suffizienz und allen weiteren Mitstreiterinnen und Mitstreitern der »Wachstums-AG« im »Wuppertal Institut«.

Auch denjenigen im »BUND«, die ihr Fachwissen in dieses Buch eingebracht haben – Reinhild Benning, Jobst Kraus, Stephan Pucher, Werner Reh, Christine Wenzl – möchten wir danken. Ein besonderer Dank gilt Irmi Seidl für das gemeinsame Arbeiten an der Schnittstelle von Postwachstumsgesellschaft und Suffizienzpolitik.

Über die Autorin und den Autor

Angelika Zahrnt

ist promovierte Ökonomin. Sie war Vorsitzende des Bund für Umwelt und Naturschutz Deutschland (BUND) von 1998 bis 2007 und Mitglied im Rat für Nachhaltige Entwicklung der Bundesregierung (RNE) von 2001 bis 2013. Sie ist eine der Vordenkerinnen der Wachstumsdebatte in Deutschland. Sie hat die Studien »Zukunftsfähiges Deutschland« (1996 und 2008) initiiert und mitgestaltet und im Jahr 2010 mit Irmi Seidl das Buch »Postwachstumsgesellschaft« veröffentlicht. 2009 wurde sie mit dem Umweltpreis der Deutschen Bundesstiftung Umwelt (DBU) ausgezeichnet und zur Professorin ernannt.

Uwe Schneidewind

leitet als Wirtschaftswissenschaftler seit 2010 das Wuppertal Institut für Klima, Umwelt, Energie, das seit 20 Jahren an neuen Wohlstandsmodellen und Konzepten einer suffizienten Gesellschaft arbeitet. Er war Mitglied der Enquete-Kommission »Wachstum, Wohlstand, Lebensqualität« des Bundestags. Sein 2013 erschienenes Buch »Transformative Wissenschaft« entwickelt Perspektiven für eine Wissenschaft, die gesellschaftliche Veränderungsprozesse in Richtung Nachhaltigkeit befördert. Uwe Schneidewind ist Mitglied im Club of Rome sowie im Vorstand der Vereinigung für ökologische Wirtschaftsforschung (VÖW).

Valentin Zahrnt (Mitarbeit)

ist promovierter Ökonom und arbeitete als Senior Fellow für ECIPE, einen wirtschaftspolitischen Think Tank in Brüssel. Er ist zurzeit freier Autor und Schreibratgeber.